문서 작성부터
보고, 후속 과정까지 한 권에

보고서 작성과 보고의 기술

문서 작성부터
보고, 후속 과정까지 한 권에

보고서 작성과 보고의 기술

백성철 지음

책을 펴내면서

　보고서 관련한 서적은 시중에 여러 권이 출간되어 있습니다. 그리고 책이 아닌 동영상으로도, 인터넷 등에서도 관련 내용을 찾아볼 수 있습니다. 이 책을 출간하면서 시중에 출판된 서적과 비교해 차별성과 특징이 없다면 독자들에게 도움이 되지 못하고 독서에 수반되는 소중한 시간만을 뺏는 미안한 일이 될 수 있다는 생각이 들었습니다.

　그래서 집필을 마음먹고 책을 쓰는 내내 "독자분들에게 이 책이 도움이 되어야 할 텐데"라는 고민이 있었습니다. 실제로 집필하면서 중단하기를 여러 번이었고 "내가 추구하고 지향하는 발간의 목적에 책의 내용이 부합하는가?"라는 질문을 던지고 답을 찾아가는 과정을 반복했습니다.

　출판의 용기를 낼 수 있었던 것은 첫째, 보고서를 많이 쓰는 기획행정직의 실무자, 팀장, 부장, 국장 등 보직을 거치면서 다양하게 보고서 작성을 해보았고 실무 보고자와 보고받는 상사의 위치에서도 생생한 경험을 했다는 점. 둘째, 이 책은 어느 한쪽만을 위한 것이 아니라 실무자로서의 보고서 작성에 관한 기술과 역량, 그리고 상사로서의 보고받는 요령과 자세 등 양쪽의 입장을 살펴보려고 노력하였다는 점. 셋째, 단순한 템플릿 위주의 보여주기식 참고 서적이 아니라 보고서 작성과 보고에 임하는 마인드셋 위주의 구성에 무게를 두고 집필했다는 점에서 차별성이 있다는 나름의 확신이 있었기 때문입니다.

부디 이 책을 읽는 동안, 보고하는 실무자로서 또 보고받는 상사로서 역지사지의 입장에서 올바른 보고서 작성과 보고받는 자세를 함께 돌아보고 성찰하는 시간이 될 수 있다면 기쁠 것입니다. 그동안 보고서 작성과 보고로 인해 고민하고 도움을 찾던 분들이 그에 대한 해답과 지혜를 얻을 수 있기를 진심으로 바랍니다.

이 책이 나오기까지 다양한 의견과 도움을 주신 분들, 그리고 옆에서 응원과 조언을 아끼지 않은 아내와 셋째 처형에게 감사를 드립니다.

2025년 6월 백 성 철

책을 읽기 전에

> 직장인의 일상은 보고서 작성과 보고의 연속입니다

　이 책을 쓰기로 마음먹고 나서도 걱정이 앞섰습니다. 내가 잘 쓸 수 있을까, 이런 책을 써도 될까. 그래도 용기를 내고 발간을 결심할 수 있었던 것은 직장 생활을 하는 후배들에게 자그마한 도움이 될 수도 있겠다는 마음 때문이었습니다.

　회사에 입사한 이후 신입 사원 연수를 받았던 때를 회상해 보면, 어떻게 보고서를 작성하고 보고를 해야 하는지에 관한 교육이 없었습니다. 현업 부서에 배치되고 나서도 보고서 작성과 보고와 관련한 교육이 이루어지지 않았습니다. 아마 보고서 작성과 보고 요령을 체계적으로 가르쳐주는 회사는 찾기 어려울 것이라는 생각이 듭니다.

　어떤 사안을 검토해서 보고하라는 지시를 받고 어렵게 보고서를 썼던 기억이 어렴풋이 남아 있습니다. 수정에 수정을 거듭하고 나서야 최종 보고서를 완성해 상사에게 보고를 마칠 수 있었습니다. 회사 생활을 돌이켜보면 직장인의 일상은 보고로 시작해서 보고로 끝난다고 해도 과언이 아닙니다.

보고서 작성을 잘한다는 것은 직장인이 가진 능력이고 장점입니다

　보고서 작성과 보고를 거듭하다 보면 경험이 쌓이고 어느새 보고서를 작성하는 실력이 느는 것을 경험합니다. 직장인이 갖추어야 할 덕목은 물론 다양하겠지만 그중 보고서 작성과 보고를 잘하는 것이 그 사람의 능력이고 장점이 되는 시대입니다. 보고서를 깔끔하게 잘 작성해 원활한 보고 과정을 거치면 상사가 신속하고 정확하게 의사결정을 하는 데 도움을 주기 때문에 보고서 작성과 보고는 매우 중요합니다.

보고서 작성과 보고는 노력을 거듭하면 개선될 수 있습니다

　보고서는 같은 형식과 내용으로 작성하는 것이 아니라 매번 다르게 작성하게 됩니다. 이전에 보고서 작성을 잘했다고 해서 다음 보고서 작성과 보고를 잘할 것이라고 장담할 수 없습니다. 매번 다른 사안, 다른 형태의 보고서, 다른 내용의 보고가 이루어집니다.
　그렇지만 보고서 작성과 보고의 횟수가 늘어나다 보면 일련의 과정을 통해서 보고서 작성 기술 측면에서 긍정적인 변화가 일어나게 됩니다. 한 걸음 한 걸음, 우보천리(牛步千里)의 정신으로 노력을 거듭하면, 정확한 상황 분석, 신속한 보고서 작성, 깔끔한 보고, 쌓여가는 상사의 신뢰를 본인도 느낄 정도로 변화가 일어날 것입니다.

> 보고서 작성과 보고를 잘하는 비결은
> 업무에 대한 애정과 전문성에 달려 있습니다

훌륭한 보고서와 보고는 맛있는 음식을 준비해서 좋아하는 사람에게 대접하는 것에 비유할 수 있습니다. 최고의 요리사가 되어 신선한 재료와 갖가지 양념으로 요리한 다음에 예쁜 그릇에 정갈하게 담아서 좋아하는 사람에게 극진하게 대접하는 행위입니다. 음식 재료는 내용, 즉 콘텐츠이며 요리사는 자신의 업무에 대한 애정과 전문성이 넘치는 해당 분야의 최고 전문가, 예쁜 그릇은 보고서 구성 형식 등의 템플릿입니다. 순서대로 음식이 제공되는 절차는 보고의 순서 및 시나리오라고 할 수 있습니다.

음식 재료, 만들어진 음식, 담아내는 그릇, 대접의 순서 등 어느 하나 중요하지 않은 것이 없지만 이 중 가장 중요한 것은 좋은 음식을 대접하고자 하는 마음과 음식의 맛입니다. 담아내는 그릇이 투박하더라도, 그리고 요리 종류가 많지 않더라도 우선 대접하는 음식이 맛있어야 합니다. 그러면 다른 부분이 다소 미흡해도 그 마음이 전달될 것입니다. 아무리 멋진 그릇이라도 음식이 맛없다면 의미가 없습니다. 우선 음식을 정성 들여 맛있게 만들고, 그릇에 어떻게 담을지, 그리고 대접하는 순서는 어떻게 해야 효과가 날지는 그다음 문제입니다.

마찬가지로 자신의 업무에 전문성을 쌓아가면서 관심과 애정을 쏟는다면 시간이 걸리더라도 나중에는 보고서를 잘 만들게 될 것이고, 보고받는 상사도 만족하고 분명 보고 결과도 좋을 것입니다.

> 보고서와 보고에 자신감을 가지세요

    사회로 나와 직장 생활을 시작하는 직장인이라면 이 책을 읽으면서 필요한 사항을 몇 가지라도 선택해 활용해 간다면 분명 도움이 될 것이라고 생각합니다. 보고서 작성을 너무 두려워하지도 말고 무조건 회피하지도 말기를 바랍니다. 지속적인 노력과 정성이 결국 보고서를 멋지게 작성하고 보고를 잘하는 능력이 있는 직장인으로 변화시켜 줄 것입니다. 자신감을 가지고 보고서를 작성하다 보면 보람과 만족감을 얻고 직장에서의 인정과 기쁨도 함께 생길 것입니다.

    참고로, 이 책은 보고받는 상사의 입장과 자세 등에 관련해서도 일부 기술하였으니 그 입장에 있는 분들도 보고받는 자세에 대해서 돌아보고 성찰하며 지혜를 얻는 계기가 되기를 바랍니다.

목차

책을 펴내면서 4
책을 읽기 전에 6

1장 보고서의 이해

보고서의 개념과 이해 16
신언서판, 보고를 잘하는 것은 능력이며 장점 19
보고는 보고자의 판단을 확인하는 과정 21
지시를 받기 전의 신속한 보고가 의미와 가치가 있음 23
초상지풍, 보고에 따른 결과는 최종 보고자의 몫 25
평상시 쌓은 신뢰의 필요성 27

2장 보고서의 준비와 작성

1. 보고서의 준비

보고의 기본, 업무 전문성 34
보고의 회피는 더 큰 문제 36
보고서를 작성하는 이유에 대한 명확한 인식 38
정성과 최선을 다하는 자세 40

2. 자료의 수집과 확인

- 기존 보고서와 참고 사례 확인 43
- 관계자 의견 청취의 필요성 45
- 보고 전까지의 브레인스토밍 47

3. 보고서 작성의 지원과 활용

- 중요한 부분은 강조 처리 50
- 보고서의 디테일에 집중 52
- 통계 데이터를 이용한 이해도와 신뢰도 향상 54
- 보고서를 관통하는 통일감과 일관성 56
- 모범적인 보고서를 참고 58
- 효율적인 보고서 작성을 위한 템플릿 활용 60

4. 보고서 작성

- 결론을 제목에 넣기 71
- 의사결정 안(案)을 소신 있게 제시하기 73
- 작성된 보고서를 완벽하게 이해하기 75
- 설명을 듣지 않아도 이해되는 보고서 77
- 보고서 형식에 집착하지 않는 유연성 79
- 폼생폼사, 멋진 보고서 82
- 간결한 한 장의 보고서 86
- 가독성 높이기 89
- 결론의 위치는 내용 전개를 고려하기 91
- 직장의 보고서와 학교 리포트의 차별성 93
- 고객 지향의 보고서, 상사 지시에 대한 해답 95

5. 보고서의 검증과 확인

　　보고 전에 여러 번 읽기 105
　　보고 전에 비판하고 반대해 보기 107
　　중간 관리자는 과감하게 수정하기 109

3장　보고의 요령과 실제

1. 보고의 의의와 평가

　　놓치지 말아야 할 보고의 타이밍 115
　　편하게 보고할 수 있는 배려 117
　　보고가 끝날 때까지 경청하기 119
　　상하 보고 계통과 절차 준수 121
　　대외비 보고서의 유지는 현실적으로 불가 123

2. 보고의 준비

　　사전 보고의 필요성 126
　　보고를 위한 시나리오 작성 128
　　실전처럼 보고 연습 130
　　보고서는 2부를 준비 132
　　보고자용 원고와 메모는 별도로 준비 133
　　보고서와 별도로 PC 파일 소지 135
　　보고하는 당일에는 아침형 인간으로 137

3. 돌발 변수의 대비

　상사의 컨디션을 확인하기 140
　보고 시간이 단축될 우려 142
　상사의 기억력을 확인하기 144
　보고 중 의견 충돌 145

4. 보고와 보고받기

　결재판을 이용한 보고 148
　상사가 보고 내용을 놓치지 않게 하기 149
　자신감 넘치는 보고의 효과 151
　확증 편향의 경계 153
　감동적인 연설문과 같은 여운이 남는 보고 155
　준비한 보고에 대한 칭찬과 격려 157
　질책은 최대한 자제하기 159
　의사결정은 신속하게 161

4장 보고서의 후속 조치

　미루지 말아야 할 수정 보고 166
　보고가 완료된 보고서의 보관 168
　보고의 완결은 경과 보고까지 170

보고서의 이해

1장

보고서의 개념과 이해

보고서란 회사나 조직 등에서 상사에게 의사결정을 받기 위해 다양한 형태로 보고하는 작성물이라고 정의할 수 있다.

　보고서의 사전적인 의미는 보고하는 글이나 문서를 말한다. 학교의 리포트와 달리 회사나 조직 등에서는 특정한 사안에 대한 정보, 검사, 실태 조사, 분석 결과, 대책 검토, 정책 결정 등이 글, 프레젠테이션, 인쇄 책자, 영상 등의 방법으로 상사에게 보고가 이루어지고 있다.

　보고 그 자체가 후속적인 작업을 수반하지 않는 독립적인 의미를 가질 수도 있고, 상사로부터 그와 관련한 후속적인 의사결정을 받기 위해 다양한 형태로 작업을 하게 되는데 이와 관련해 작성되는 모든 것을 말한다고 할 수 있다. 참고로 정부(행정안전부) '행정업무의 운영 및 혁신에 관한 규정'◆(약칭: 행정업무규정)에서의 보고서 관련 내용을 보면 다음과 같다.

◆ 행정업무의 운영 및 혁신에 관한 규정 [시행 2024. 5. 21.] [대통령령 제34518호]

> **행정업무의 운영 및 혁신에 관한 규정**
>
> **제63조(정책의 실명 관리)** ① 행정기관의 장은 <u>주요 정책의 결정이나 집행과 관련되는</u> 다음 각 호의 사항을 종합적으로 기록·관리하여야 한다.
> 1. 주요 정책의 결정과 집행 과정에 참여한 관련자의 소속, 직급 또는 직위, 성명과 그 의견
> 2. 주요 정책의 결정이나 집행과 관련된 각종 계획서, <u>보고서</u>, 회의·공청회·세미나 관련 자료 및 그 토의 내용
>
> ② 행정기관의 장은 주요 정책의 결정을 위하여 회의·공청회·세미나 등을 개최하는 경우에는 일시, 참석자, 발언 내용, 결정 사항, 표결 내용 등을 처리과의 직원으로 하여금 기록하게 하여야 한다.
>
> -------------------------- (이하 생략) --------------------------

　위 규정에 따르면, 보고서는 작성 후에 기록·관리하도록 하고 있다. 실제로 현장에서는 작성된 보고서를 바탕으로 상사가 하는 대부분의 의사결정이 이루어지게 된다. 예를 들어 사기업 또는 공공기관에서 작성된 대부분의 보고서는 대개 후속 작업으로 전자문서 형태로 기안문 작성, 대내외 시행문 등으로 이어지거나 관련한 계획의 추진, 수립한 계획의 실행, 대책의 강구, 정책의 결정 등으로 구현되

기도 한다.

직장인의 일상은 출근해서 다양한 형태로 보고서를 쓰거나 보고하는 행위의 연속이라고 해도 과언이 아니다. 일부 어떤 이들은 업무 성격에 따라 보고서를 쓸 일이 거의 없고 단순 작업만 한다고 말할 수 있을지 모르지만 그건 잘못된 생각이다. 종이로 된 보고서를 작성하지 않더라도 차상위 상급자를 포함해 그 위의 상사에게 대면해 구두로 보고하고 의사결정을 받는 일이 연속적으로 발생하고 있기 때문이다.

그렇기에 직장에서는 보고서 작성 시 신중을 기해야 하고, 그 보고서를 가지고 상사에게 하는 구두 보고도 원만하게 성공적으로 완수해야 하는 이유가 있는 것이다.

신언서판, 보고를 잘하는 것은 능력이며 장점

보고서를 잘 작성하고 보고까지 잘하는 것은 직장인이 가진 훌륭한 능력 중 하나이며 장점이라 할 수 있다.

신언서판(身言書判)

신언서판은 『당서(唐書)』 「선거지(選擧志)」에서 나오는 말로, 중국 당나라에서는 이 네 가지를 모두 갖춘 사람을 최고로 평가하여 관리로 등용했다고 한다. 그 사람의 바른 용모, 조리 있는 말솜씨, 인격을 대변하는 글씨, 사물과 세상의 이치를 이해하고 일에 임하는 판단력을 말한다. 이는 동서고금을 막론하고, 인공지능 AI가 최적의 보고서를 대신해 작성이 가능한 현대사회에서도 신입 직원의 채용뿐만 아니라, 해당 조직 내 직원들의 인사고과 등으로 변형해 사용하고 있다고 봐도 무리는 없다.

보고서와 보고 등 일련의 과정 역시 축소해서 본다면 신언서판, 네 가지 모두가 적용된다고 보아도 무방하다. 우선 身(몸 신)은 보고하는 사람의 몸가짐 및 자세를 말하며, 言(말씀 언)은 작성된 보고서를 얼마나 조리 있고 설득력 있는 언어로 정성을 다해 보고하는지, 書(글 서)는 이해하고 분석해서 글로 표현되는 보고서, 判(판단 판)은 상황을 이해하고 판단하는 능력, 즉 보고서에 기술된 내용으로 투영된다고 할 수 있겠다.

결국 직장에서는 보고서를 얼마나 잘 작성하고 보고를 어떻게 잘하느냐에 따라 평가가 달라질 수 있으니, 이왕 작성하는 보고서라면 깔끔하게 작성 후 보고를 잘 수행함으로써 좋은 평가를 받아야 할 것이다.

보고는 보고자의
판단을 확인하는 과정

보고는 상사의 의사결정을 받는 과정이기도 하지만,
보고자가 고민하고 판단한 결과를
상사에게 확인받는 검증 과정이라고도 할 수 있다.

일반적으로 보고는 지시받은 보고서를 잘 작성해서 보고 과정을 거쳐 상사로부터 의사결정을 받는 행위라고 생각하기 쉽다. 틀린 말은 아니다. 사실 그러한 측면이 강하다. 그래서 본인이 지시받고 검토했지만 결정하기 힘든 사안을 1안, 2안 등의 선택지로 작성해 상사에게 보고하면서 의사결정을 확인받고자 한다. 직장에서는 대부분의 보고가 그렇게 진행된다.

그런데 그렇지 않은 경우가 있다. 비록 상사로부터 지시받은 바 없지만, 실무자 선에서 중요하다고 판단되는 사안을 상사가 지시하기 전에 작성해서 상사에게 보고하면서 의사결정을 받는 경우가 그것이다.

상사로부터 지시를 받아 작성하는 경우, 그리고 상사의 지시가 없었지만 작성해 보고하는 경우, 둘 다 가장 중요하게 고려해야 할 사항은 보고서를 작성한 보고자의 판단과 확신을 보고서에 반영해야 한다는 것이다. 여러 가지 방안을 보고하고 상사에게 최선과 최적의 선택을 해달라고 의사결정을 요구하는 차원을 넘어, 보고자 선에서 판단한 결과를 보고받는 상사에게 확인받고 승인받는 의사결정을 하는 것이다.

보고자 자신조차 결정하기 힘든 사항을 사안별로 장단점을 분석한 뒤 상사에게 보고하면서 선택하고 결정해 달라고 하는 것이 아니라, 보고자인 본인이 의사결정을 해야 할 상사의 위치에 있다면 무엇을 선택할지를 결정하고, 상사를 설득하기 위한 보고서를 작성하는 것이다.

상사에게 여러 가지 안(案)을 보고하고 나서 결정을 해달라고 요구하는 것은 문제가 있다. 왜냐하면 보고자인 당사자 본인은 빠지고 상사에게 의사결정과 그로 인해 발생할 수 있는 결과에 대한 책임을 미루는 행위로 비칠 수 있기 때문이다.

지시를 받기 전의 신속한 보고가 의미와 가치가 있음

지시를 받아서 작성하는 보고서는
이미 보고서 작성과 보고로서의 효과와 평가에서
점수를 잃고 시작하는 것이다.

사람마다 업무 스타일은 제각각이다. 어떤 조직이든 시키는 일을 소극적이고 제대로 처리하지 못하는 직원도 있고, 자신이 해야 할 일을 완벽하게 수행하면서도 굳이 시키지도 않은 일까지 찾아서 미리 검토해서 보고해 주는 직원도 있다. 언제 그렇게 작성했는지도 모르게 현황과 대책을 검토해서 보고서로 작성하는 직원이 있다.

중간 관리자, 상사 입장에서는 시키지도 않았는데 상사가 정보 사항으로 알고 있어야 하고, 필요하다면 의사결정을 해야 할 사항을 정리해서 보고하는 식원은 좋은 평가를 하게 된다. 상사가 바빠서, 혹은 다른 이유로 간과하고 있는 사항을 알아서 보고해 주는 직원이 있다면 그런 상사는 복받은 것이며 직원에게도 감사할 일이다.

직장에서 승급, 승진 등 프로모션이 있다면, 평상시 시의적절한 시기에 보고를 한 직원과 시켜야만 보고서를 작성해 보고하는 직원은 다르게 평가할 수밖에 없다. 어쩌면 그것은 당연한 결과일 것이다. 입장을 바꿔봐도 지시를 해야만 보고서를 작성해 보고하는 직원과 지시하지 않았는데도 알아서 보고서를 작성해 보고해 주는 직원 중 어떤 직원을 높이 평가할지는 물어볼 필요도 없다.

초상지풍, 보고에 따른 결과는 최종 보고자의 몫

보고 후에 발생하는 추진 경과와 결과에 대해서는 하급 직원을 탓하지 말고 전적으로 해당 보고서의 최종 보고자가 책임져야 한다.

초상지풍(草上之風)

이 사자성어는 『논어(論語)』에 나오는 교훈적인 경구(警句)로 풀 초(草), 위 상(上), 갈 지(之), 바람 풍(風)을 써서 군자의 덕은 바람, 소인의 덕은 풀이라는 뜻이다. '풀은 바람이 불면 바람을 따라 쓰러지게 된다'로 해석할 수 있다.

초상지풍은 정치와 경영, 그리고 좁게는 보고서에도 적용할 수 있는데, 상사에 따라 아랫사람이 영향을 받는다는 말이다. 즉, 무슨 잘못이 있다면 그것은 상사의 영향에 따른 것이기에 아랫사람을 탓하기 전에 상사인 내가 어떤 잘못을 저지르고 있는지 먼저 돌아보아야 한다는 것이다.

중간 관리자라면, 부하 직원의 1차 보고서를 보고받고 이어서 상사에게 최종 보고를 마쳤는데, 그 보고서와 보고가 잘못되었다는 것을 뒤늦게 알게 되는 경험이 간혹 있을 것이다.

뒤늦게 잘못을 알았을 때, 관리자가 어떤 성품이냐에 따라 반응도 달리 나타난다. A라는 관리자는 잘못된 1차 보고서를 작성한 부하 직원을 불러 심하게 질책한다. B라는 관리자는 제대로 챙기지 못하고 최종 보고를 한 책임이 관리자 본인에게 있다고 생각하고 직원의 잘못과 책임을 묻지 않고 조용히 넘어간다. C라는 관리자는 보고의 결과를 부하 직원과 공유하면서 반성함과 동시에 향후 보고서 작성 시 주의할 것을 당부한다.

이 중 C 관리자가 가장 바람직하다고 할 수 있다. 일차적으로 보고서를 잘못 작성한 부하 직원과 최종 게이트 키핑을 못한 책임을 중간 관리자가 함께 나눠지는 것이 합당하기도 하고 모두를 위한 미래 지향적인 자세이기 때문이다.

평상시 쌓은
신뢰의 필요성

평상시 쌓은 상사와의 신뢰는 결정적인 보고에서 도움을 준다. 신뢰의 공든 탑은 하루아침에 쌓지 못하고 쉽게 무너지지도 않는다.

보고를 잘하기 위해서는 잘 작성된 보고서가 기본이다. 우선 보고서를 잘 작성해야 한다. 그런데 보고서를 잘 작성했다고 생각하고 보고도 나름대로 잘했다고 생각했는데도 성공적으로 보고를 마치지 못하는 경우가 발생하기도 한다. 보고서는 물론 보고에서도 특별한 문제가 없었는데, 왜 보고서에 대한 의사결정 승인이 이루어지지 않았는지 이해할 수 없을 때가 있다.

보고서 작성이 잘되었고 보고도 잘 이루어졌다면 성공적인 보고로 마무리되는 것이 당연하다. 그렇게 되지 못하는 이유는 여러 가지가 있을 수 있다. 보고서 자체의 문제가 아니라, 안타깝지만 업무 관계에 있어서나 평상시 관계 등에서 상사와 보고자 간에 신뢰가 형성되지 못한 것도 이유가 될 수 있다.

"아니 보고서 잘 쓰고 보고도 잘했으면 그만이지, 그동안 얼마나 신뢰를 쌓아놓았느냐가 보고의 성패를 결정한다는 것이 말이 돼?"

어쩌면 어불성설이다. 바람직하지 않지만 그것이 직장 내 보고의 안타까운 현실이기도 하다. 보고서 그 자체만을 가지고 판단하지 않고 보고자의 평상시 업무 태도에 대한 부정적 평가와 보고자에 대한 상사의 불신이 작용할 수도 있다는 것이다.

직장에서 어떤 일을 하더라도 "그 직원이 하는 일은 무조건 신뢰할 수 있지"라는 평판을 쌓아놓으면 보고에 도움이 된다는 것을 경험하게 되는 때가 있다. 상사와 직원의 신뢰는 하루아침에 쌓이고 생기는 것이 아니다. 평상시 업무 수행 과정에서 동료 직원, 그리고 상사와 어떤 업무라도 믿고 맡길 수 있는 신뢰를 쌓기 위해 노력하기를 바란다. 그 신뢰의 바탕 위에서라면 보고서 작성과 보고는 수월할 것이고 그 결과도 분명 좋을 것이다.

보고서의 준비와 작성

2장

1
보고서의 준비

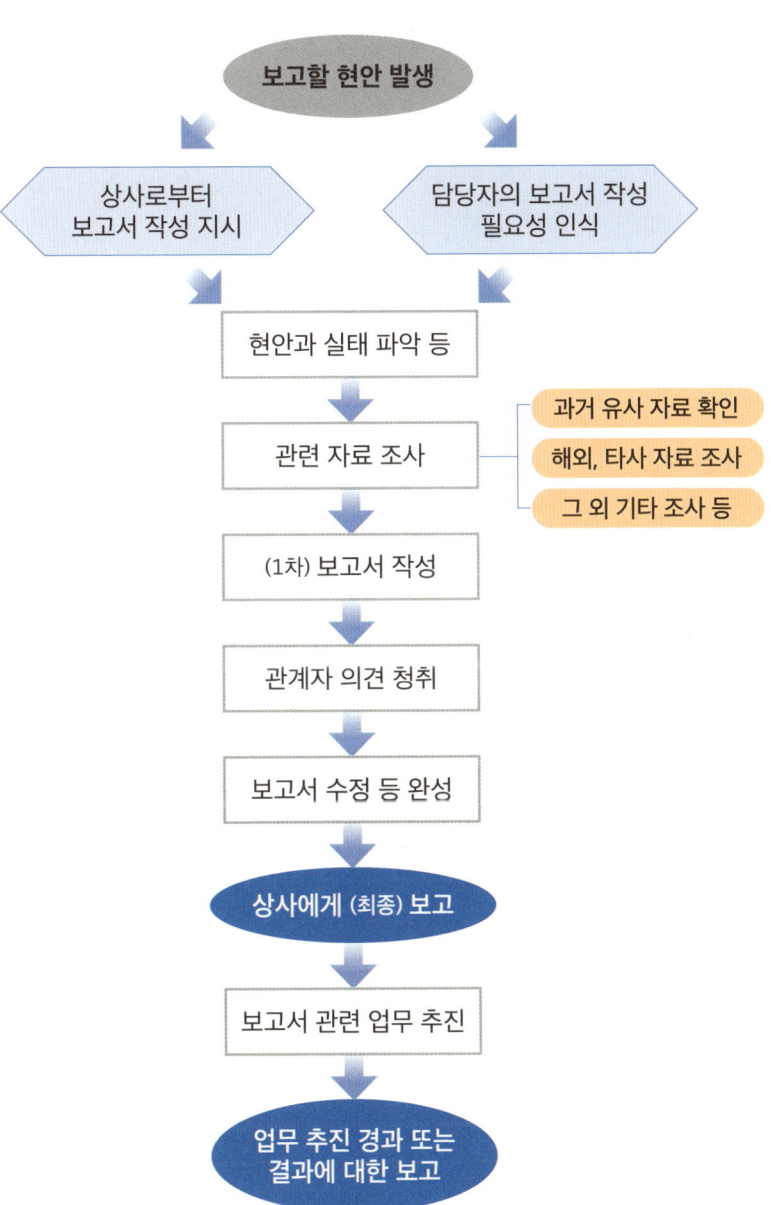

보고의 기본, 업무 전문성

자신의 업무에 관심과 애정을 가지고
해당 업무에 관한 한 최고 전문가가 되어야
보고서 작성과 보고도 잘할 수 있다

보고서 작성과 보고를 잘하는 비결에는 특별한 무엇이 있을까? '멋진 보고서 양식 등 템플릿이 있어서 내용만 넣으면 멋진 보고서가 탄생하지 않을까?'라고 생각할 수 있다. 템플릿 등 멋진 양식이 보고서 작성 및 보고에 도움이 되는 것은 맞지만 더 중요한 것이 있다.

많은 보고 경험을 통한 보고의 노하우 등을 떠올릴 수도 있다. 하지만 직장 생활 중에 보고서를 작성해 본 이라면 직장에서 전해져 내려오는 보고서 작성의 비법은 존재하지 않는다는 것을 알고 있을 것이다. 이 책을 통해 그런 양식을 쉽게 구하려고 했다면 미안하지만 그것은 순진한 생각이다. 그런 생각을 한 이들이 있다면 미안한 마음이다. 이 책을 통해 보고서와 관련한 지금까지의 생각과 자세를 진지하게 돌아보는 것이 발전의 계기가 되기를 바란다.

간혹 보고서를 접하다 보면, 보고자가 해당 사안과 업무에 대한 지식과 정보, 전문성이 부족하다는 것을 알게 될 때가 있다. 그런 직원에게는 보고서를 작성하는 요령과 기술, 그리고 보고의 노하우 이전에 해당 업무에 대한 이해와 관심이 우선이다. 업무에 있어서 전문가가 아닌데, 해당 업무 및 사안에 대한 개선과 대책이 가능할 리가 없다.

자신의 업무에 관심과 애정을 가지고 그 분야의 최고 전문가가 되어야 보고서 작성과 보고도 잘할 수 있다. 우선 자신의 업무에서 그 누구도 범접할 수 없는 전문가가 되기로 하자. 그다음에 보고서를 잘 쓰고 상사에게 보고를 잘하는 요령을 고민하고 발전시켜 나가는 것이 순서일 것이다.

보고의 회피는
더 큰 문제

피할 수 없다면 인정하고 부딪쳐서 이겨내야 한다. 보고서 작성을 두려워해서 피하거나 회피하는 것은 문제를 키우는 행위다.

사기업이든 공기업이든 근무하다 보면 직장인의 대부분은 보고서 작성과 보고의 결과를 기반으로 한 문서 결재 상신 과정을 거치게 된다. 보고서 작성과 상사 보고는 직장인과 떼려야 뗄 수 없는 숙명적인 관계다. 보고서를 잘 작성하고, 보고를 얼마나 잘하느냐에 따라 업무를 잘하는 능력이 있는 직원으로 평가받고, 그렇지 않은 경우는 반대의 대접을 받게 된다.

보고할 사항이 생겼다고 판단되면 상사의 지시가 없다고 보고서 작성과 보고를 뒤로 미루지 말고, 미리 알아서 보고하겠다는 마음가짐이 필요하다. 상사가 귀찮게 생각할지 몰라도 사소한 것도 상사는 궁금해할 수 있으니 보고하는 것을 습관화하는 것이 좋다. 상사로부터 지시를 받고 나서야 보고하는 직원은 시키는 일만을 하는 수동적인 사람으로 평가를 받기 쉽다.

어차피 회피하거나 생략할 수 있는 일이 아니라면 상사가 시키기 전에 먼저 보고하는 적극적인 자세를 가지기를 권한다. 시켜서 하는 보고서 작성과 보고는 상사에게 좋은 평가와 칭찬을 받기 힘들 것이다.

회피할 수 없다면 받아들이고 즐기자. 보고서 작성과 보고를 두려워하지 말기를 바란다. 호랑이를 잡을 생각이라면 호랑이가 굴에서 나오기를 기다리지 말고, 호랑이를 잡을 마음을 굳게 먹고 호랑이 굴에 들어가야 한다. 이왕 맞을 매라면 먼저 맞는 놈이 낫다는 말도 되새겨봐야 할 것이다.

보고서를 작성하는 이유에 대한 명확한 인식

보고서를 작성할 때는 그 보고서를 작성하는 이유와 상사의 의도를 정확히 파악하고 시작하는 것이 기본이다.

자신이 하급 직원이라면 알아서 보고서를 작성하기보다는 상급자로부터 보고서 작성과 보고 지시를 받고 움직이는 경우가 많을 것이다. 지시를 받을 때는 상사의 지시 목적과 보고서 작성을 지시한 의도를 정확히 파악하는 것이 선행되어야 한다. 시간이 없어서 또는 상사에게 물어보는 것이 불편하다는 이유로 상사의 지시 의도를 자신이 생각한 대로 대충 짐작해서 보고서 작성에 임해서는 안 된다.

이렇게 보고서 작성자가 대충 이해하고 작성한 보고서는 보고자가 시간과 정성을 들여 작성하였다고 하더라도 막상 보고하면 "아니, 내가 말한 것은 이런 것이 아니야. ○○○ 씨, 잘못 이해했구나. 다시 작성하기 바라"라는 얘기를 상사에게 들을 수 있다.

시간 낭비일 뿐만 아니라 보고자에 대한 상사의 평가와 신뢰는 바닥으로 떨어지기 마련이다. 보고자 또한 힘 빠지는 일이다. 그렇기에 상사로부터 보고서 작성 지시를 받았을 때는 반드시 상사의 보고서 작성 지시 의도를 정확히 파악하고 확인하는 것이 우선시되어야 한다.

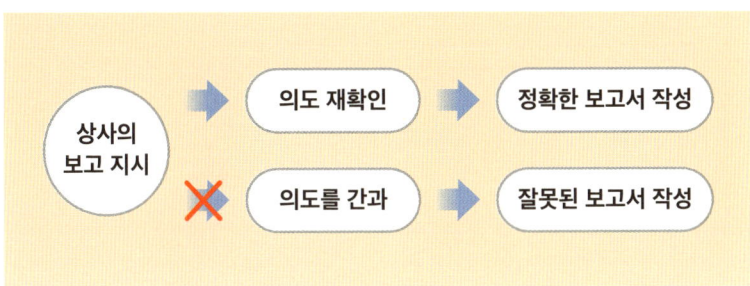

정성과 최선을 다하는 자세

보고서 작성과 보고에서 보고자가 정성을 기울이면 그 보고에 따른 경과 또는 결과도 상응해서 좋다.

보고서 작성과 보고에 정성과 최선을 다해야 한다는 것은 누가 힘주어 강조하지 않아도 기본에 해당한다. 매사에 정성과 최선을 다하는 자세는 비단 보고서뿐만 아니라 인생을 살아가면서 다양한 인간관계, 가정 및 직장 생활 등 그 어디에서라도 마음에 새기고 지켜 실천할 필요가 있다.

선현들의 가르침이 수록된 경전『중용(中庸)』에서도 이를 찾아볼 수 있다.『중용』제23장을 보면 정성과 최선을 다하는 자세의 중요성을 강조하고 있다. 한번 살펴보면서 보고서 작성과 보고 시에 적용해도 무리가 없을 듯하다.

『중용』 23장	직역
其次致曲(기차치곡)	그다음은 굽은 곳까지 이르는 것이다.
曲能有誠(곡능유성)	굽은 곳에 이르려면 성실해야 한다.
誠則形(성즉형)	성실하면 드러나고
形則著(형즉저)	드러나면 뚜렷해지고
著則明(저즉명)	뚜렷해지면 밝아지고
明則動(명즉동)	밝아지면 (남을) 감동시키고
動則變(동즉변)	감동하면 변하고
變則化(변즉화)	변하면 (곧) 된다.
唯天下至誠爲能化 (유천하지성위능화)	오직 천하의 지성이 변하게 만든다.

『중용』 제23장을 쉽게 의역해 보면 다음과 같다.

"작은 일도 무시하지 않고 정성과 최선을 다해야 한다. 작은 일에도 최선을 다하면 정성스럽게 된다. 정성스럽게 되면 겉으로 배어 나오고, 겉으로 드러나면 이내 밝아지고, 밝아지면 남을 감동시키고, 남을 감동시키면 이내 변하게 되고, 변하면 생육하게 된다. 그러니 오직 세상에서 지극히 정성을 다하는 사람만이 자신과 세상을 변하게 할 수 있다."

보고서 작성과 보고에 철저함을 기하고 꼼꼼하게 정성을 다하다 보면, 그 과정에서 보고받는 상사를 설득할 수 있고, 크지는 않겠지만 상사를 감동시키면서 성공적인 보고로 귀결될 것이 틀림없다.

2
자료의 수집과 확인

기존 보고서와
참고 사례 확인

과거에 다른 직원들이 작성한 유사한 성격의 보고서가 있는지 그 외 국내외 사례 및 타사 사례 또한 있는지 확인하고 참고한다.

상사로부터 보고서 작성 지시를 받고 보고서를 작성하면서 동료들과 의견을 나누다 보면 몰랐던 사실을 알게 되는 경우가 있다. 오래전에 또는 얼마 전에 다른 직원이 유사한 보고서를 작성해 보고한 적이 있다는 것을 듣게 될 때가 있다.

의아스러울 수 있다. 상사는 왜 보고받은 바 있는 보고서를 다시 작성할 것을 지시하였는지 궁금하지 않을 수 없다. 결국 자연스러운 기회를 통해 보고서 작성 지시를 한 상사에게 물어보면 그런 사실이 있었음을 확인해 준다. 그리고 당시에 보고는 있었지만 이러저러한 이유로 관련한 업무 추진이 지지부진 중단된 바 있다는 답변을 듣게 된다.

몰랐다면 몰라도 이전에 유사한 보고서가 있었다는 것을 알았으니 예전에 다른 직원이 작성한 유사한 성격의 보고서를 정독하면서 참고할 필요가 있다. 아울러, 국내외 유사 사례와 참고할 사항을 담아야 할 필요가 있다. 유사 사례가 없다면 추진 경과, 관련 법률, 참고할 만한 정보 등을 보고서에 담는 것이 필요하다.

　유사 사례 및 참고 사항을 담지 않고 보고서를 작성한 경우, 정작 보고 과정에서 상사가 국내외 유사 사례, 관련 법률 및 참고 사항을 질의하게 되고 그에 답변하지 못하면 그 자리에서 보고서와 보고는 의미를 잃고 퇴색해 버리고 만다. 상사가 보고자에게 관련한 질의를 할 때 즉각 답변하지 못하면 보고받는 상사는 충분하고 정확한 분석과 검토가 되지 않은 것으로 간주하기 때문이다. 해당 보고서의 내용 및 보고자에 대한 신뢰를 일순간 접어버리고 보고서를 재작성하라고 요구하고 질책할 것이다. 지적을 받고 나서 다시 국내외 유사 사례 및 참고 사항을 찾고자 한다면, 이제는 더 많은 시간과 노력을 기울여 많은 사례를 찾아야 하는 부담이 가중되게 된다.

　보고받는 상사가 말하기 전에 참고 자료 등을 미리 챙겼더라면 시간도 줄이고 사례 인용도 최소화할 수 있었는데 추가로 챙겨야 하는 부담이 더욱 커진다. 재보고에서 참고 자료 등을 담았다고 하더라도 이제는 원만하게 보고를 마칠 거라고 보장할 수 없다. 그러므로 1차 보고서를 작성할 때 국내외 사례, 참고 자료, 문헌, 관련 법률 등은 미리 꼼꼼하게 챙기는 것이 보고서 작성과 보고의 효율을 제고하는 길임을 잊지 말자.

관계자 의견 청취의 필요성

보고서 작성 시 관계자의 의견을 참고한다.
내 생각만이 옳다고 믿는 것은
독선이고 위험한 생각이다.

보고서를 작성하는 당사자는 대개 해당 업무 분야에서 전문가일 가능성이 크다. 해당 사안에 대해 실무자만큼 고민이 깊고 정통한 직원은 없기에 관련 정보와 상황, 문제점 파악, 대처 방안 등에 대해서도 그 누구보다 정확할 수 있다.

그런데 원숭이도 나무에서 떨어질 수 있듯 보고서를 작성하는 당사자가 너무 자신을 과도하게 믿고 자만하다 보면 중요한 것을 놓치고 간과하는 경우가 생길 수 있다. 그렇기에 사물과 현상을 들여다보고 살펴봄에 있어서 여러 측면에서 검토하는 것이 필요하다. 본인이 검토해서 결론을 내린 사항을 일차적으로 주변의 동료와 업무 관계자 등과 공유하고 검증하고 확인하는 과정이 필요하다. 그 과정에서 본인이 생각하지 못한 다른 시각과 의견이 의외로 도움이 되거나 보고서상의 실수를 줄이고 완성도를 높여주는 경우가 있다.

또한 이러한 과정을 반복하다 보면 실무 보고 당사자에 대한 신뢰와 평가가 쌓이고 향후 다른 업무를 추진하는 과정에서 주위의 동료들이 보고자의 든든한 지지자가 되면서 해당 사업의 동력으로 작용하기도 한다.

인간에게 말하는 입은 하나이고, 눈과 귀가 두 개인 이유는 말 수는 줄이고 다른 사람의 말을 경청하고 더 많이 보라는 깊은 뜻이 있다고 했다. 이 말을 새겨봐야 할 것이다.

보고 전까지의 브레인스토밍

보고가 예정되어 있으면 보고서 작성 시간만이 아니라, 보고와 관련한 사항이 생각이 날 때마다 메모해 두고 보고서 작성 시 반영한다.

    대개 보고가 예정되어 있으면 보고 시한도 정해져 있고 그동안 보고자가 시간을 가지고 보고서 작성을 하게 된다. 관련 자료를 조사하고, 관계자 의견을 청취하고, 관련 회의 등을 통해 수집하거나 결정된 사항을 반영해 보고서 작성을 하게 된다.

    보고가 예정되어 있다면 보고서 작성 시간만이 아니라, 보고와 관련한 사항이 생각날 때마다 수시로 메모해 두는 것을 권장한다. 예를 들어 보고서를 작성해서 보고하기까지 며칠의 시간이 주어졌다면 출퇴근 시간, 쉬는 시간, 식사 시간 등 가리지 말고 보고와 관련한 생각, 아이디어, 개선 의견 등에 대한 생각을 수첩이나 휴대폰 등에 메모해 두는 것이다. 혼자만의 브레인스토밍을 하는 것이다. 이렇게 수시로 적어둔 메모는 보고서를 본격적으로 작성할 때 다시 보면서 반영할 것을 취사선택한다.

메모하는 자세는 비단 보고서 작성뿐만 아니라 일상생활에서도 습관화하면 도움이 될 것이다. 보고서 작성 시 한정된 시간 동안 집중해 생각을 정리하면서 글로 작성해 낸다는 것은 생각만큼 쉽지 않은 일이다. 틈틈이 해당 보고서에 대한 생각이 날 때마다 메모해 둔다면 실제로 보고서 작성 시 도움이 되는 것을 경험할 수 있을 것이다.

3

보고서 작성의 지원과 활용

중요한 부분은 강조 처리

강조해서 보고할 부분은
볼드체, 밑줄, 형광펜 등으로 표시한다.

작성한 보고서를 가지고 상사에게 보고할 때, 활자화된 보고서 내용을 일일이 구두로 읽어가면서 보고하는 것은 힘들 뿐만 아니라 현실적이지도 않다. 보고자가 보고서를 다 읽어 내려갈 동안 상사가 기다려주지도 않을 것이다.

보고자는 보고서 내용 중 반드시 강조하고 언급해야 할 부분은 볼드체로 강조하거나 밑줄 처리를 해두는 것이 좋다. 강조 사항에 가독성과 가시성을 높이기 위해 형광펜을 이용해 강조하는 것도 상사가 빨리 보면서 보고서를 이해하는 데 도움이 될 수 있다.

한 장의 요약 보고서는 많은 내용을 줄여서 압축하다 보니 어느 것 하나 중요하지 않은 사항이 없을 것이다. 중요한 내용 중에서도 특히 중요하기 때문에 상사가 놓치지 않고 강조해서 보고받아야 할 부분은 볼드체, 밑줄, 형광펜 등으로 표시해 반드시 강조해 주는 것이 좋다.

　　그렇지만 주의할 점이 하나 있다. 지나치면 안 하느냐만 못한 경우도 생긴다. 과유불급(過猶不及)이다. 여기저기 밑줄 긋고, 굵은 볼드체로 처리하고, 형광펜을 지나치게 이용하다 보면 막상 강조되어야 할 곳의 강조 효과가 떨어진다. 꼭 강조할 곳에만 한정해 사용해야지 제대로 강조하는 효과를 거둘 수 있다.

보고서의 디테일에 집중

보고서는 디테일에서도 실수가 없도록 신경 써야 한다. 악마는 사소한 디테일에 숨어 있다는 말을 명심해야 한다.

공교롭게도 보고가 진행되는 현장 그 자리에서 보고서의 오타나 틀린 맞춤법을 발견할 때가 있다. 보고서 작성 시 주의를 기울이고 수차례 확인했는데도 고쳐야 할 것이 눈에 보이면 무척 당황스럽다. 보고받는 상사가 이를 발견하지 못하고 보고를 원만하게 마치기를 내심 바라는데, 이상하게도 불길한 예감은 틀리지 않는다. 오타나 틀린 맞춤법은 꼭 보고를 받는 상사의 눈에 띄고 만다.

상사가 보고의 내용과 결론 등 대세에 지장이 없는 것으로 대수롭지 않게 생각하고 큰 지적과 질책 없이 넘어갈 때는 상사의 관대함에 고마움을 느끼면서도 오히려 꼼꼼하게 디테일을 신경 쓰지 못한 것이 큰 잘못이라도 한 듯 자책하기도 한다.

사실 오탈자가 보고서를 결재받느냐 마느냐의 전체적인 대세에는 크게 영향을 주지 않겠지만, 보고하는 중에 상사로부터 사소한 것에 대해 지적을 받거나 확인을 요구받는다면 보고서의 신뢰도와 완성도는 실추되고 보고자 또한 상사로부터 신뢰를 잃는다. 마침표, 쉼표, 따옴표 등 문장부호, 맞춤법 등 사소한 부분에서도 작은 실수가 없도록 세심한 주의가 필요하다.

통계 데이터를 이용한 이해도와 신뢰도 향상

보고서에 정확한 수치와 통계 등 자료를 구체적으로 인용하는 것은 보고서의 신뢰도를 높이고 보고받는 상사의 이해도를 제고한다.

보고서 작성 시 반드시 데이터 수치와 관련 통계 자료를 구체적으로 작성해 사용해야 하는 것은 아니지만, 해당 보고서의 성격상 반드시 들어가야 할 통계 수치가 없다면 보고서와 보고의 신뢰도를 떨어뜨리고 상사의 이해에도 도움이 되지 못한다. 그러므로 정확한 통계 수치가 필요한 보고서에는 그래프, 도표 등으로 보고서의 신뢰도를 높이고 이해를 도와주는 것이 좋다.

예시

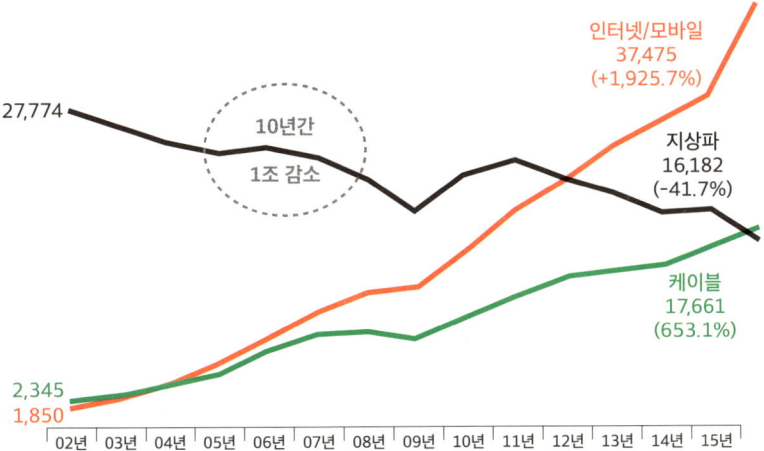

분야별 수입 변동 현황

은행			
순번	은행명	고객 수	비율
1	농협은행	000,000	00%
2	우리은행	000,000	00%
3	신한은행	000,000	00%
4	국민은행	000,000	00%
5	기업은행	000,000	00%
계		000,000	

카드사			
순번	은행명	납부 수	비율
1	신한카드	000,000	
2	광주은행카드	000,000	
3	국민카드	000,000	
4	삼성카드	000,000	
5	하나카드	000,000	
계		000,000	

자동이체 고객 수 금융기관별 현황

보고서를 관통하는 통일감과 일관성

글꼴, 자간, 장평, 줄 간격, 표현 용어,
종결어미 등에서 전체를 관통하는 통일감과
내용상의 일관성을 유지하는 것이 좋다.

보고서는 한눈에 보기에 통일감을 주는 것이 좋다. 여기저기 여러 문서에서 복사해서 붙여놓은 것 같은 느낌을 주는 문서가 있다고 하자. 그러한 문서를 보면 너무 산만해서 눈에도 들어오지 않고 가시적인 측면에서도 효과가 없으며 보고서를 보는 순간 짜증이 날 정도다.

문서를 작성할 때는 기본적으로 글꼴, 자간(글자 사이의 간격), 장평(글자의 좌우 폭), 줄 간격, 표현 용어 등을 통일해 주는 것이 좋다. 보고서의 어느 문장은 서술형으로 작성했는데 다른 문장에서는 명사형 종결어미를 사용하는 등 서술형과 명사 종결형을 섞어서 사용하는 것도 지양해야 한다.

보고자가 보고서를 작성할 때 전체를 관통하는 통일성을 염두에 두지 않고 작성하다 보면 작성된 보고서가 통일감과 전체적인 조화를 잃어버릴 때가 있다. 이는 기존의 문서를 복사해서 사용하다 보면 발생하기도 하고 보고서 내용 중 일부를 지나치게 강조하다가 발생하기도 한다. 통일성과 조화가 결여된 보고서는 가독성도 떨어지고 보고서로서의 보고 효과도 감소되기에 보고서 작성 시 보고서에 통일성을 부여하는 것이 매우 중요하다.

다음은 일관성이다. 통일성은 형식적인 차원이라면 일관성은 내용적으로 논리의 통일감을 유지하는 것이다. 간단한 문장 안에서도, 단락과 단락 간에도, 보고서의 도입부와 중간 그리고 후반부에 걸쳐서 논리적으로 연결 또는 관통하는 통일감을 유지하는 것이 중요하다.

이 부분이 어설프게 전개되면 앞에서는 이 말을 하고, 뒤에서는 저 말을 하는 것처럼 들리게 된다. 보고받는 상사도 듣다가 한마디한다.

"조금 전에 한 얘기와 지금 하는 얘기가 다른 것 아닌가?"

내용상으로 논리적인 일관성이 유지되고 있는지 반드시 확인이 필요하다.

모범적인 보고서를 참고

다른 직원이 멋지게 작성한 보고서라도 저장해 두었다가 필요시 보고서 형식을 참고해 활용한다.

보고서를 작성하고 보고를 끝내고 나면 보고자는 보람과 만족감을 느낀다. 보고서를 잘했다고 생각되는 보고서는 저장해 두었다가 향후 다른 보고서를 작성할 때도 형식, 템플릿 등을 활용할 필요가 있다. 자신이 작성한 것을 갈무리해 저장해 놓는 것은 누구의 지시가 없어도 그렇게 한다.

근무하다 보면 다른 직원이 작성한 보고서를 접할 기회가 있다. 그중에는 감탄할 정도로 멋지게 잘 작성한 보고서가 있을 수 있다. 이럴 때 보고 나서 '잘 작성했다'라고 순간적인 평가만 하고 넘어갈 것이 아니라, 반드시 컴퓨터 등에 저장을 해두는 것이 좋다.

보고서를 작성할 기회가 올 때 저장해 두었던 다른 직원의 보고서 양식 등 템플릿을 이용하는 것이 좋다. 도표 한 개를 그려서 넣더라도 다른 직원의 보고서에서 잘 만들어진 것을 가져와 활용할 수 있다면 보고서 작성 시간을 절감할 수 있고 완성도도 높일 수 있기 때문이다. 타산지석의 좋은 사례로, 보고서를 활용하면서 자신만의 보고서 작성의 개성을 덧씌워 더 멋진 보고서 작성을 시도해 볼 수 있을 것이다.

효율적인 보고서 작성을 위한 템플릿 활용

신속하고 멋진 보고서 작성을 위해 필요한 문서 작성 단축키, 즐겨 쓰는 문서 양식 등 템플릿을 저장해 놓고 활용하는 것이 좋다.

보고서를 작성하는 경우는 통상 두 가지로 나눠볼 수 있다. 첫째는 상사의 지시가 없었는데 보고할 당사자가 판단해서 보고서를 작성하는 경우다. 둘째는 상사의 지시를 받고 보고서를 작성해 보고하는 경우다.

첫째 경우는 보고서 작성에 충분한 시간을 들여서 세밀하게 작성하면 되지만, 둘째 경우는 시간을 지체하지 않고 신속하게 작성해 보고하는 것이 생명이다. 중간 관리자 또는 차상위 상사는 신속하게 1차 보고서를 보고받고 싶은데, 보고가 지체되고 늦어지면 아무리 그 보고서의 완성도가 높더라도 의미를 잃고 가치가 퇴색해 버린다.

그런 일이 발생되는 것을 방지하고 신속하게 멋진 보고서를 작성하기 위해서는 평상시 보고서 작성과 관련한 부단한 연습과 노력이 필요하다. 문서 작성 단축키 등을 능숙하게 사용할 수 있어야 하고, 보고서에 들어갈 단순한 표도 단조롭지 않게 정성을 들여 작성할 수 있도록 평상시 연습 등을 통해 신속하게 작성할 수 있도록 해야 한다.

이를 위해서 문서 작성 단축키, 표 양식, 템플릿 등을 별도의 참고 형태(파일)로 저장해 놓고 있다가, 필요시 불러내서 사용하거나 수정 활용해 사용하는 방법을 추천한다. 보고서 내용이 잘 작성되었느냐가 보고서에 있어서 기본이고 가장 중요한 사항이지만, 보고받는 상사 입장에서는 실무자에게 충분한 시간을 주지 않았는데 짧은 시간에 정성을 들인 보고서를 받아보게 되면 우선 높은 점수를 부여하고 나서 구체적인 보고를 받기 시작하게 될 것이다.

│ 저장해 놓고 사용 가능한 템플릿 예시 │

다음은 몇 가지의 단순한 예시일 뿐 보고자의 개성과 스타일에 맞는 양식을 다양하게 만들어 저장해 놓고 사용하는 것을 권장한다.

사례 1 〉

사례 2 〉

사례 3 〉

사례 4 〉

사례 5 〉

사례 6 〉

사례 7 〉

사례 8 〉

사례 9 〉

사례 10 〉

사례 11 〉 다양한 화살표

(파워포인트로 민들이 가져오는 방법이 있다.)

사례 12 〉 문서 표가 한 페이지 안에 들어오지 않고 두 페이지로 나눠질 경우, 문서 표의 제목만 반복해서 인쇄하는 방법

예를 들어 다음 표가 한 페이지가 아닌 두 페이지에 걸쳐서 있을 경우 제목만 반복해서 보이게 하는 것이 좋다. 왜냐하면 다음 페이지에서 표의 제목이 보이지 않으면 앞 페이지에서 표 제목을 보았다고 하더라도 이해하기 어렵기 때문이다. 그래서 앞뒤 페이지를 넘기면서 보고서를 보는 경우가 있다. 이를 방지하는 방법이다.

구분	구분	2023년 12월			2024년 1월			2024년 2월		
		초	중	하	초	중	하	초	중	하
사업지사 ------	o ------									
	o ------									
	o ------									
	o ------									
	o ------									
콜센터 ------	o ------									
	o ------									
	o ------									
	o ------									
아파트 ------	o ------									
	o ------									
	o ------									
	o ------									

------------------------- 다음 페이지 -------------------------

실무적 ------	o ------								
	o ------								
	o ------								
	o ------								
	o ------								

우선 ① 반복할 영역을 블록 설정하고 ② 표/셀 속성으로 들어가 '표'를 눌러서 '제목 줄 자동 반복'을 누르고 ③ 다시 옆의 '셀'을 눌러서 속성의 '제목 셀'을 클릭한다. 그 결과는 다음과 같다.

구분	구분	2023년 12월			2024년 1월			2024년 2월		
		초	중	하	초	중	하	초	중	하
사업지사 ------	o ------									
	o ------									
	o ------									
	o ------									
	o ------									
콜센터 ------	o ------									
	o ------									
	o ------									
	o ------									
아파트 ------	o ------									
	o ------									
	o ------									
	o ------									

------ 다음 페이지 ------

구분	구분	2023년 12월			2024년 1월			2024년 2월		
		초	중	하	초	중	하	초	중	하
실무적 ------	o ------				■	■				
	o ------					■				
	o ------						■	■		
	o ------							■		
	o ------							■	■	■

사례 13〉 아래 한글만이 아니라 파워포인트에서도 참고할 만한 템플릿을 저장해 활용하는 방법을 권한다. 파워포인트 작성 시 활용할 수도 있고 필요시 아래 한글로 복사해서 작업할 수도 있다.

사례 14⟩ 단축키(아래 한글의 경우)

1. **Alt** + **C** : 모양의 복사 ▶ 원하는 모양의 복사와 적용

───── 설명 ─────

- 모양의 복사를 해야 할 곳에 커서를 놓고 **Alt** + **C**
  * 여름의 가운데에 커서를 놓고 Alt+C

⟨**봄**이 가고 **여↓름**이 오면 가을과 겨울도 올 것이다⟩

- 그러면 다음 안내문이 열림

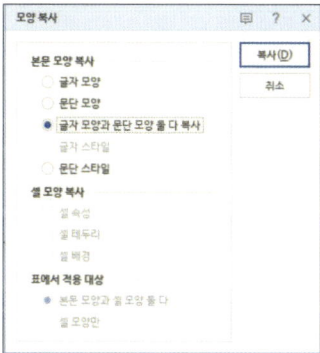

- 여름의 글자 모양을 복사해서 가을과 겨울에도 붙이고자 한다면
  복사한 모양을 붙여놓을 곳을 블록 설정한 후 (가을,겨울)
  다시 한번 **Alt** + **C** 처리하면 원하는 모양이 복사되어 바뀜

⟨**봄**이 가고 **여름**이 오면 가을과 겨울도 올 것이다⟩

⟨**봄**이 가고 **여름**이 오면 **가을**과 **겨울**도 올 것이다⟩

보고서 작성과 보고의 기술 67

2. $\boxed{\text{Shift}}$ + $\boxed{\text{Tab}}$: 원하는 위치에서 내어쓰기를 할 때 활용

설명

- 예를 들어 보고서가 다음과 같이 작성되고 있다고 가정하자.

> **2. 검토배경**
>   ○ 광고 매출의 급감은 프로그램의 경쟁력뿐만 아니라 **콘텐**
> **츠** 사용자의 시청 행태의 변화에 기인한 측면이 강함

위 문장을 보면 콘텐츠의 '츠'가 앞으로 나가 있어 가시적인
효과가 떨어져 보고서로서 깔끔하지 않게 보인다.
그렇다고 다음과 같이 '콘텐' 다음에 엔터를 쳐서 '츠'를 분리하고
다시 '츠'를 스페이스로 이동시키는 방법은 지양해야 한다.
이렇게 되면 문장이 길어질 경우, 손이 많이 가는 불편이 생긴다.

> **2. 검토배경**
>   ○ 광고 매출의 급감은 프로그램의 경쟁력뿐만 아니라 **콘텐**↵
> ∨∨∨ **츠** 사용자의 시청 행태의 변화에 기인한 측면이 강함

그래서 문장이 시작하는 광고의 '광' 앞부분은 내어쓰기로
해주는 것이 좋을 것이라고 판단된다.
광 바로 앞에 $\boxed{\text{Shift}}$를 누르고 있는 상태에서 다시 $\boxed{\text{Tab}}$을
누르면 '광' 앞은 내어쓰기로 처리된다.
처리된 결과는 다음과 같다.

> **2. 검토배경**
>   ○ 광고 매출의 급감은 프로그램의 경쟁력뿐만 아니라 **콘텐**
>   **츠** 사용자의 시청 행태의 변화에 기인한 측면이 강함

3. ⌨Alt⌨ + ⌨Shift⌨ + ⌨N⌨ 또는 ⌨W⌨ : 자간(글자 사이의 간격)을 조정하는 단축키로 ⌨N⌨은 좁게(Narrow), ⌨W⌨는 넓게(Wide)로 적용해 활용

설명

- 예를 들어 보고서가 다음과 같이 작성되고 있다고 가정하자.

> **2. 검토배경**
>   ○ 광고 매출의 급감은 프로그램의 경쟁력뿐만 아니라 **콘텐츠** 사용자의 시청 행태의 변화에 기인한 측면이 강함

위 문장을 보면 콘텐츠의 한 단어가 두 줄로 떨어져 있어서 가독성 및 가시성도 떨어지고 보고서를 읽다가도 멈춤 또는 리듬의 중단이 발생한다.
이때 콘텐츠 단어를 한 줄에 모아주면, 상사가 보고서를 읽는 가시성과 가독성을 높일 수 있다.
다음은 **블록을 잡고** ⌨Alt⌨ + ⌨Shift⌨ **를 누른 상태에서** ⌨N⌨ **을 눌러가며** 조정한 결과다. 물론 과도한 조정은 지양해야 한다.

> **2. 검토배경**
>   ○ 광고 매출의 급감은 프로그램의 경쟁력뿐만 아니라 **콘텐츠**
> ∨∨∨ 사용자의 시청 행태의 변화에 기인한 측면이 강함

자간 간격을 넓히는 방법은
블록을 잡고 ⌨Alt⌨ + ⌨Shift⌨ **를 누른 상태에서** ⌨W⌨ **를 눌러주는 것이다.**

> **2. 검토배경**
>   ○ 광고 매출의 급감은 프로그램의 경쟁력뿐만 아니라 **콘텐츠** 사용자의 시청 행태의 변화에 기인한 측면이 강함

블록을 잡고 자간 간격을 넓혀서 '콘텐'의 두 글자를 다음 줄 넘어가게 했다. 그런데 약간 자간 간격이 넓은 감은 있다. 과도하다고 판단되면 조정을 거친다.

4
보고서 작성

결론을 제목에 넣기

짧은 보고서 제목이라도 가능하다면 보고 내용의 요지와 결론을 압축해 담아서 보고서 내용의 최종 결론을 담아주는 것이 좋다.

보고서를 쓸 때 결론을 먼저 언급하는 두괄식으로 처리할지, 아니면 내용을 기술하고 나서 보고서의 마지막에 결론을 제시하는 미괄식으로 할지는 사안에 따라 보고자가 선택할 수 있다.

두괄식이든 미괄식이든 보고서 제목에는 보고할 내용의 요지와 핵심 결론을 담아주는 것이 좋다. 보고서의 제목은 압축된 표현으로 일종의 광고의 카피 문구처럼 짧은 문장을 생각하면 된다.

압축된 단어와 문장을 이용해 보고받는 상사가 보고서의 제목만 보더라도 보고하고자 하는 내용을 짐작할 수 있도록 해주는 것이 좋다. 직원이 무엇을 보고하고자 하는지, 그리고 그 보고의 결론이 무엇인지 상사가 짐작하게 해주는 것이다. 보고 과정에서 보고자가 보고 내용을 전부 보고하지 않았는데도, 상사는 이미 보고서 제목을 통해서 내용의 대부분을 파악하고 있는 중일 것이다.

피해야 할 성격의 제목

○○○ 건 관련 검토 보고

요지와 방향을 담은 제목

○○○ 건 △△△△△ 추진(안) 보고

의사결정 안(案)을 소신 있게 제시하기

보고자도 판단하기 곤란한 사안을
다수의 안으로 만들어 결정 책임이 있다는 이유로
상사에게 결정을 미루려고 하지 말 것.

보고서 작성을 하다 보면 보고자가 생각해 봐도 어떻게 하는 것이 좋을지 모를 때가 있다. 예를 들어 A안의 경우는 이렇고 B안의 경우는 저렇고 C안의 경우는 그럴 때, 그리고 A안, B안, C안이 나름대로 각각의 장단점을 가지고 있을 때가 있다. 그러면 보고서 작성자는 A안, B안, C안을 기술하고 각 안별로 장단점을 기술하면서 보고서를 작성한다. 그리고 책임과 권한이 있는 상사에게 보고를 통해 의사결정을 받고자 한다.

보고자는 보고서를 작성하는 것으로 자신의 위치와 권한 내에서 할 수 있는 것을 다 했고, 의사결정 책임이 있는 상사에게 보고했으니 이후 추진되는 정책 또는 그로 인해 발생하는 부작용을 포함해 모든 결과는 상사가 감당해야 할 몫이라고 생각한다. 이는 형식상 틀린 주장은 아니다.

그렇지만 다시 한번 생각해 본다면 의사결정 책임이 있다는 이유로 상사에게 책임을 미루고 보고자인 당사자는 책임질 일에서 벗어나려고 하는 다소 무책임한 행위라고 할 수 있다. A안, B안, C안을 기술하더라도 보고자 본인이 결정해야 한다면, 조직의 이익을 최대화하고 손해가 있다면 이를 최소화하는 안이 무엇인지 판단해 보고해야 할 것이다. 그것이 보고서 작성 및 보고자의 책임 있는 자세다.

작성된 보고서를
완벽하게 이해하기

자신이 완벽하게 이해하지 못한 어설픈 보고서는 상사가 재촉하더라도 시간에 쫓겨서 보고해서는 곤란하다.

    중간 관리자의 위치에 있다면, 부하 직원의 1차 보고서를 보고받았을 때 내용을 정확히 이해하고 확신에 찬 판단을 하지 못하는 경우가 있다. 1차 보고서를 보고받는 중간 관리자 입장에서는 그 위 상사가 보고를 재촉하면서 기다리고 있고 시간이 없다는 이유로 1차 보고서의 작성자인 직원을 대동하고 가서 그 직원으로 하여금 중간 관리자의 보고 과정에서 지원하게 할 수 있다.

    중간 관리자로서 직원이 작성한 1차 보고서를 완벽하게 이해하지 못한 상황이라면 어설픈 보고는 시도하지 말기 바란다. 중간 관리자가 정확히 이해하지 못하고 보고한 보고의 결과는 어떤 후폭풍과 파장을 불러일으킬지 모른다. 정확히 이해하지 못하고 실행하는 보고는 무책임하면서도 아주 위험한 행동이다. 보고한 당사자 본인 혼자만 책임지고 끝날 일이 아니라, 본인이 몸담고 있는 조직에 어떤 불이익과 해악을 끼치는 결과를 초래할지 모른다.

중간 관리자로서 자신이 보고해야 하는데 부하 직원이 작성한 1차 보고서를 정확히 이해하기 곤란하다면 충분한 시간을 가지고 완벽하게 이해하고 나서 보고를 추진하는 것이 좋다. 빨리 보고받고 싶은 상사에게 보고 지연 사유를 말씀드리고 양해를 구하더라도 그것이 바람직하다.

설명을 듣지 않아도 이해되는 보고서

보고서는 시간이 없는 상사가 읽어만 봐도 이해되도록 작성해야 한다.

    보고자와 보고받는 상사 간에는 정보와 이해의 격차가 있을 수 있다. 정보의 비대칭, 관련 지식의 차이, 문제에 대한 파악과 고민의 정도 등 보고자가 오히려 상사보다 이미 많은 부분을 고민하고 검토를 거듭하고 있었을 것이다. 특별한 예외를 제외하면 대개가 그렇다.

    그러다 보니 보고자는 보고서 작성 시 보고받을 상사가 "이 정도는 아시겠지"라고 생각하면서 필요한 관련 정보와 현황에 대한 기술을 보고서에 담는 것을 생략하는 경우가 있다.

    보고받는 상사가 보고자만큼 현안과 관련한 정보와 현황을 의외로 모를 수도 있다는 것을 감안할 필요가 있다. 가급적 압축된 자료와 함께 구체적인 내용 등을 담아서 보고서를 작성하는 것이 좋다.

    다만 압축은 하되 구체적인 내용을 담아 상세한 보고서를 작성하는 것과 장황하게 나열해 작성하는 것은 엄연히 다른 것이다. 상세

하게 압축한 것과 장황하게 나열하는 것은 구분해야 한다. 굳이 보고서를 제출하고 대면해 구두 보고를 하지 않아도, 사전 지식이 없는 그 누구라도 보고서만 읽어보면 이해할 수 있을 정도로 보고서를 작성하는 것이 좋다.

보고서 형식에
집착하지 않는 유연성

보고서 작성 시 숫자, 년, 월, 일, 시, 분의 표기는
기본을 지키되, 필요시 보고자가
그 형태를 달리 적용할 수도 있다.

보고서에 사용하는 숫자는 아라비아 숫자로 한다. 날짜 표기는 숫자로 하되, 년·월·일의 글자는 생략하고 그 자리에 온점을 찍어 표시하며, 시·분의 표기는 24시간제에 따라 숫자로 하되, 시·분의 글자는 생략하고 그 사이에 쌍점을 찍어 구분하는 것을 기본으로 한다. 이는 대부분 공공기관의 문서 규정(일부 사문화 추세)이지만, 실제 사용하는 기관에 따라 탄력적으로 운영되고 있는 것이 현실이다.

보고서 작성에 사용하는 용지의 크기는 A4를 원칙으로 하고 보고서의 상하좌우 여백은 사전에 정해진 것을 기본으로 사용한다. 그렇지만 더 많은 내용을 위해 필요하다고 판단되면 조정해도 무방하다. 다만 표준 여백을 무리하게 조정할 경우, 가시적인 측면의 효과뿐 아니라 가독성도 떨어지는 부작용이 있으니 이를 감안해서 적절하게 사용하는 것이 좋다.

```
┌─────────────────────────────┐
│      (일반적인) 문서 규정        │
│    2025. 1.17. 13:15        │
└─────────────────────────────┘
```

```
┌─────────────────────────────┐
│       탄력적 운영 사례          │
│  2025년 1월 17일(금) 오후 1시 15분 │
└─────────────────────────────┘
```

보고서의 특성상 내용을 두 개 이상의 항목으로 구분할 필요가 있다. 이때는 다음과 같은 구분으로 보고서에 일반적으로 사용되고 있다.

① 첫째 항목의 구분은 1. 2. 3. 4.로 나누어 표시한다.
② 둘째 항목의 구분은 가. 나. 다. 라.로 나누어 표시한다.
③ 셋째 항목의 구분은 ⑴ ⑵ ⑶ ⑷로 나누어 표시한다.
④ 넷째 항목의 구분은 (가) (나) (다) (라)로 나누어 표시한다.

다만, 보고자 또는 보고받는 상사의 선호도에 따라 그 형태를 달리하여 ■, □, ○, ◆, ■, • 등과 같은 특수한 기호를 이용해 구분하여 사용할 수도 있다. 이는 보고서의 경우 필요에 따라 이용되기도 하고 더 나아가 공문서 항목 구분에도 사용해도 문제가 되지는 않는다는 것이 일반적인 추세다.

예시

■ 검토 배경
　○ ··
　　□ ···――············
　　　- ·······························――·······
　　　　• ······················――·······

■ 현황 분석
　○ ··
　　□ ·····························――··
　　□ ·····························――··

■ 검토 결과
　○ ··
　　□ ·····························――··
　　　- ·····························――··

■ 추진 방안
　○ ··
　　□ ·····························――··
　　　- ·····························――··
　　　··················(이하 생략)················

폼생폼사, 멋진 보고서

한눈에 보기에도 멋진 보고서,
읽고 싶어지도록 만들어야 한다.

"보기 좋은 떡이 먹기에도 좋다"라는 말이 있다. 이는 같은 음식이라도 모양을 어떻게 하느냐, 혹은 어떠한 그릇에 담느냐에 따라 먹기도 다르고 맛도 달라질 수 있다는 말일 것이다.

이는 음식에만 적용하지 않고 보고서 작성에도 대입할 수 있다. 보고서를 작성한 결과가 한눈에 볼 때 깔끔하게 작성된 느낌을 받고 멋지게 보이는 보고서가 보고 과정에서도 순탄하게 진행될 수 있다.

그러므로 보고서 작성의 글자체, 자간, 장평, 줄 간격 등을 어떻게 설정해서 작성하느냐에 따라 같은 내용이라도 달라 보일 수 있다. 글자 크기에서도 생각해 보면 소위 황금 비율을 추구할 수 있다. 보고받는 상사가 어떤 스타일을 좋아하느냐, 아니면 보고서의 스타일은 대수롭지 않게 생각하고 내용이 충실하기만 한 보고서에 의미를 두는지 미리 상사의 스타일을 파악해 놓는 것도 필요하다. 보고받는 상사의 스타일과 성향에 대한 사전 지식이 있으면 보고서 작성에 참고하고 보고 결과에도 도움이 될 수 있다.

    그러면 다음의 자간, 장평, 줄 간격 등을 기본으로 작성한 〈비교 보고서 1〉과 나름대로 보기 좋게 자간, 장평, 줄 간격 등을 조정해 작성한 〈비교 보고서 2〉를 보면서 어떤 느낌을 받는지 비교해 보기로 하자. 같은 분량의 동일한 내용의 보고서인데도 다른 느낌을 받게 된다.

> 비교 보고서 1

사례 1
자간, 장평, 줄 간격 등을 조정하지 않은 보고서

1. 검토 배경
   ○ 기본적인 보고서 작성과 보고 역량 강화 필요성, ◇◇회의에서 제기
   ○ 입사 OJT 과정중 관련 교육이 부재하고 간부 연수 커리큘럼으로도 개설된 바 없음
   ○ <보고서 작성과 보고의 기술> 을 인쇄 제작 배포, 보고서 작성 조직문화 개선 필요

2. 기대 효과
   ○ 보고서 작성과 보고 과정에서의 상·하 간 갈등 해소 → 조직문화 쇄신
   ○ 인쇄된 교재를 활용함에 따라 집체 연수등 추진 불필요 → 업무 공백 최소화
   ○ 보고서 작성 및 보고 과정 단축 → 신속한 의사결정 가능
   ○ 조직 인력의 역량 및 경쟁력 강화 효과 기대

3. 소요 예산
   ○ 현재 확보된 예산없음 ⇨ 예산부서협조 특별배정 협의 완료 (2.10. 예산국장)
   ○ 소요 예산 내역 : 15,000원 x 500권 = 7,500,000원

4. 추진 일정
   ○ 교재 작성 위원회 구성 : 추진 결정후 15일 이내 (~ 4월10일)
   ○ 교재 작성 : 1개월 (~ 5월10일)
   ○ 인쇄 및 배포 : 10일 (~ 5월20일)

5. 향후 조치
   ○ 소요 예산 : 내년도(2026년) 예산 편성시 반영 예정
   ○ 교재 배포 : 실국장 간부 (개인별 송부) / 직원 (인원비례 감안, 본부별 배포)
   ○ 연수 등 활용 : 신입사원 OJT 및 간부 교육 강의 커리큘럼 반영

비교 보고서 2

사례 2
자간, 장평, 줄 간격 등을 조정한 보고서

1. 검토 배경

[장평 자간, 줄 간격 조정 / 형광펜 강조 처리]
[장평 자간 조정 / 장평 90 / 자간 -10]

○ 기본적인 보고서 작성과 보고 역량 강화 필요성, ◇◇회의에서 제기
○ 입사 OJT 과정중 관련 교육이 부재하고 간부 연수 커리큘럼으로도 개설된 바 없음
○ <보고서 작성과 보고의 기술> 을 인쇄 제작 배포, 보고서 작성 조직문화 개선 필요

[← 글자 크기 축소 (12 → 7) 조정으로 줄 간격 조정 효과]

2. 기대 효과

○ 보고서 작성과 보고 과정에서의 상·하 간 갈등 해소 → 조직문화 쇄신
○ 인쇄된 교재를 활용함에 따라 집체 연수등 추진 불필요 → 업무 공백 최소화
○ 보고서 작성 및 보고 과정 단축 → 신속한 의사결정 가능
○ 조직 인력의 역량 및 경쟁력 강화 효과 기대

3. 소요 예산

○ 현재 확보된 예산없음 ⇨ 예산부서 협조 특별배정 협의 완료 (2.10. 예산국장)
○ 소요 예산 내역 : 15,000원 x 500권 = 7,500,000원

4. 추진 일정

○ 교재 작성 위원회 구성 : 추진 결정후 15일 이내 (~ 4월10일)
○ 교재 작성 : 1개월 (~ 5월10일)
○ 인쇄 및 배포 : 10일 (~ 5월20일)

5. 향후 조치

○ 소요 예산 : 내년도(2026년) 예산 편성시 반영 예정
○ 교재 배포 : 실국장 간부 (개인별 송부) / 직원 (인원비례 감안, 본부별 배포)
○ 연수 등 활용 : 신입사원 OJT 및 간부 교육 강의 커리큘럼 반영

※ 〈비교 보고서 1〉과 비교해 장평, 자간, 줄 간격을 조정하고 볼드체 처리 등으로 강조하였는데, 보고서가 산만하지 않고 눈에 잘 들어오는 효과를 거둘 수 있다.

간결한 한 장의 보고서

보고서는 가급적 한 장에 끝내고 상세 내용은 첨부로 처리한다.

보고서를 작성하다 보면 분량이 많아질 때가 있다. 보고서에 많은 정보를 담고 보고할 내용이 많아서인지 보고서 작성 후 읽어보면 장황하게 작성되었다고 인지할 때가 있다. 본인조차도 핵심 사항만 간단하게 요약해서 정리하지 못한 것을 상사에게 보고하는 것은 곤란하다. 아무리 시간이 없고 급하다고 하지만, 보고를 받는 상사는 장황한 자료를 보고 설명을 들을 시간이 없기 때문에 요약해서 간결하게 보고받는 것을 선호한다. 자신이 중간 관리자라면 부하 직원으로부터 간단하게 압축된 보고를 받기를 원하듯 상사도 중간 관리자로부터 요약 보고를 받기를 희망할 것이다.

"보고할 내용이 많은데 어떻게 보고서를 한 장으로 압축하나?"라며 어이없다고 말할 수 있을지도 모른다. 그렇지만 아무리 긴 내용도 요약을 거듭하다 보면 한 장으로 요약하는 것이 불가능하지 않다는 것을 알게 된다.

줄이는 방법은, 처음부터 한 장으로 요약 보고서를 작성하기 힘들다면 우선 세 장 정도로 작성한 다음 줄여나가는 것이다. 한 장의 (요약) 보고서로 작성이 안 되는 이유는 보고자가 상사에게 많은 내용을 친절하게 보고하려다 보니 생각이 많기 때문일 가능성이 크다. 최초 작성 보고서 세 장 → 두 장으로 축소 → 한 장으로 축소하는 방식의 절차를 밟아나가면, 보고 내용을 압축해 줄이는 것이 가능하다.

1단계
1차 초안 보고서 작성 (3장)

2단계
초안 보고서의 압축 (2장)

3단계
최종 보고서 완성 (1장)

도저히 줄이기 힘들더라도, 무조건 줄이지 않으면 안 된다는 생각으로 압축해 나간다. 글자 크기와 줄 간격, 좌우 여백 등 조정을 통해서 가능한 한 많은 양을 담은 상태에서 줄이라는 것이 아니다. 선택 단어, 문장 표현, 쓸데없는 사족 들어내기, 지나치게 친절한 설명 삭제하기 등을 통해 압축해서 줄이는 것을 말한다. 그리고 요약 보고서와는 별개로 구체적이고 세부적인 내용은 보고서의 첨부로 처리하는 것도 방법이다.

다만, 줄여도 줄여도 도저히 안 된다고 생각되면 어쩔 수 없이 두 장 이상으로 작성한다. 그래도 한 장이 아닌 두 장 이상으로 해야 한다면 중요 내용은 첫째 장에 담아야 하는 것이 기본이다. 중요한 내용을 다음 장으로 넘겨서 작성하는 것은 금물이다. 왜냐하면 나중에 보고받는 상사가 첫째 장만 주의를 기울여 보고 다음 장은 꼼꼼하게 보지 않아서 보고받은 기억이 없다고 할 수도 있으니 이를 염두에 두고 작성해야 할 것이다.

가독성 높이기

보고서를 쉽게 읽어 내려갈 수 있도록
단어, 문장, 문단 등 띄어쓰기, 그리고 읽는 리듬감을
감안해 잘 읽히는 효과를 생각해야 한다.

보고서를 쉽게 읽을 수 있느냐 없느냐를 판단하는 정도를 사전적 의미로는 가독성이라 할 수 있다. 가시(可視)적인 것과 구분되는 개념이지만 가독성(可讀性)을 감안하다 보면 가시적인 효과도 거둘 수 있다.

우선 보고서가 잘 읽히려면 단어의 선택이 중요하다. 보고받는 상사가 모르는 단어를 사용하면 중간중간 보고가 원활하게 진행되지 못하고 중단된다. 단어를 이해하고 나서야 보고서를 이해하고 읽어나갈 수 있기 때문이다.

문장 또한 간결한 문장으로 표현해야 읽기 쉽다. 영어 교육을 받고 영어식 표현에 익숙하다 보니 부지불식간 영어식 문장으로 보고서를 쓰는 경우가 있는데 이는 지양해야 한다. 예를 들어 '해석되어진다' 같은 영어의 수동태식 화법을 피하고, '필요하다고 하지 않을 수 없다' 같은 불필요한 표현은 간결하게 '필요하다'로 표현하는 식이다.

단락의 구분이 필요한 곳에는 구분해야 한다. 그리고 자간, 장평, 줄 간격, 읽어 내려가는 리듬감 등을 감안해 보고서를 작성해야 한다. 잘 읽히는 보고서는 보고자가 보고하기도 수월하고, 보고받는 상사의 가독성이 높아져, 결과적으로 보고가 원만하고 성공적으로 이루어지는 효과를 거둘 수 있을 것이다.

결론의 위치는
내용 전개를 고려하기

보고서의 결론을 먼저 제시하는 두괄식,
또는 미괄식 보고를 할지는 보고 제반 상황을 고려한
보고자의 판단과 선택의 영역이다.

어떠한 사안을 검토해서 보고서를 작성하고자 할 때 결론을 먼저 제시하는 두괄식으로 할지, 아니면 미괄식으로 작성할지 결정해야 할 때가 있다. 보고서의 결론을 두괄식으로 할지 미괄식으로 할지는 정해진 바 없다. 경험에 따르면, 보고를 받는 상사의 보고 청취 스타일이 어떤가에 따라 고려되어야 한다고 본다.

상사에 따라 장황한 설명을 듣는 것을 원하지 않고 보고서의 결론을 제일 먼저 듣기를 원할 수 있다. 보고를 받는 상사가 이러한 유형의 스타일일 경우에는 보고서 결론 배치를 두괄식 작성으로 할 것을 추천한다.

그 반대의 경우라도 반드시 미괄식 보고서로 작성해야 한다는 것은 아니다. 우선 그 보고를 받는 내용에 대해 상사가 어느 정도의 관련 정보와 지식을 가지고 있는가도 고려되어야 할 요소다. 왜냐하면 보고받는 상사가 사전 지식이 없는 가운데 보고를 받는 경우라면, 구체적인 내용과 검토 의견을 기술한 뒤 보고자의 최종 판단 의견을 제시하는 미괄식 구성이 적절하기 때문이다.

결과적으로 보고서는 두괄식으로 작성해야 한다거나 미괄식으로 작성해야 한다는 보고서 작성의 기준과 원칙이 정해져 있는 것은 아니고, 보고 당시의 상황을 고려해 보고자의 판단하에 어떤 방법이 좋을지 선택하면 된다.

직장의 보고서와
학교 리포트의 차별성

직장의 보고서 작성에 학교 리포트와
논문 형식을 대입하지 마라.

    체계적인 보고서 작성 교육을 받지 않았다면, 대개 학교를 졸업하고 입사 후 작성하는 보고서는 재학 시절의 견학, 탐방, 연구, 관찰 등의 보고서를 생각하기 마련이다. 학교를 졸업하고 직장에 몸담고 대개 연수원에 입소해 교육을 받게 된다. 돌이켜 생각해 보면 현업 부서에 배치되어서도 실무 보고서 작성과 결재 문서 품의 등 교육을 받은 기억이 없다. 긴 세월이 지난 지금도 연수원에서는 신입 사원을 상대로 체계적인 보고서 작성 교육을 하지 않는 것으로 알고 있다. 보고서 작성 요령, 상사 보고 요령, 의사결정을 받는 방법을 가르치는 직장은 거의 찾아볼 수 없을 것이다.

    그러다 보니 신입 사원 연수가 끝나고 근무 부서에 배치되고 나서부터 OJT 과정을 거치면서 보고서 작성 요령을 습득하고 적응할 충분한 시간을 부여받지 못한다. 상사로부터 업무를 부여받고 당장 어떻게 문제를 해결하고 대안이 무엇인지 작성해서 보고해 달라는 주문을 받기 일쑤이다. "신입 사원인 만큼 새로운 시각과 참신한 보고를 기대할게"라는 격려까지 받으면 당황스럽기까지 하다. 보고를 요구받은 신입은 다른 직장에서 보고서 작성 경험이 없었다면 어떤 형식으로 작성할지 모르고 학교 시절에서 작성해 본 리포트 또는 논문을 생각해 작성하게 된다.

직장에서의 보고서는 형식과 내용, 그리고 전개 및 결과 도출 등에서 학교의 그것과는 다르다는 것을 인식해야 한다. 자신이 근무하는 해당 직장의 보고서 스타일을 파악하고 적응하며 익숙해지는 것이 필요하다.

고객 지향의 보고서, 상사 지시에 대한 해답

보고서의 형식적 구조는 지켜야 하지만 중요한 것은 보고자의 보고서가 상사의 요구에 대한 해답을 제시하는가이다.

보고서는 우리가 익히 알고 있는 서론, 본론, 결론이라는 형식적 구조가 유효한 구성 방식이다. 우선 서론에는 해당 보고서의 작성 이유와 목적을 설명하게 된다. 본론에는 보고자가 검토한 내용 또는 사업 등의 추진 사유를 논리적으로 작성한다. 결론에는 보고자의 최종 판단 의견과 실행 가능한 대책 등을 포함해 작성하는 것이 일반적이다. 앞서도 언급한 바 있지만 보고서는 요약해서 가급적 한 장으로 작성하고 세부 내용은 첨부로 처리한다. 한 장 보고서의 경우는 분량에 정해진 기준은 없지만, 서론 10~20퍼센트, 본론 60~70퍼센트, 결론 20~30퍼센트 정도의 할당이 적절하다고 본다. 물론 사안에 따라 그 비율은 달리 적용해도 무방하다.

보고서의 형식보다 더욱 중요한 것은 상사의 지시가 있어서든, 상사의 지시가 없이 자발적으로 작성하는 보고서든지 그 보고서를 작성하는 이유, 배경, 목적에 대해 해답을 제시하고 부합하고 있느냐이다. 보고서는 보고자 자신이 생각하고 이해하는 차원에서 작성하는 것이 아니다. 상사도 고객이라는 입장을 가지고 서비스적인 관점에서 접근해야 한다. 이런 차원으로 본다면 보고하려는 보고서가 상사의 보고서 작성 지시에 대해 명쾌하고 정확하게 해답을 제시하고 있는가가 핵심이 될 것이다.

> **실제 보고서 예시**

이론에 상응한 실제 보고서 사례를 어떻게 보여줄까 고민이 있었다. 공기업이든 사기업이든 또 조직 내에서도, 부서마다, 보고서 작성 스타일이 천차만별 다양하기 때문이다. 그렇기에 어떤 사례가 가장 모범이라고 제시하는 것은 조심스럽고 현실적이지도 않다. 타 기업의 보고서 양식을 우리 조직에 그대로 적용하는 것은 무리가 있을 수밖에 없기 때문이다.

그럼에도 불구하고 보고서 작성 이론을 적용해 보고서 작성 예시를 살펴보고자 한다. 프레젠테이션도 보고서이고 이를 발표하는 것도 보고의 일종이지만 매번 보고를 프레젠테이션으로 하는 것도 아니고 프레젠테이션은 간단한 압축 보고가 아닌 통상 장기 프로젝트 성격의 보고로 이어지는 경우가 많다. 여기서는 텍스트로 작성해 상사에게 보고하는 종이 보고서에 국한해 살펴보기로 한다. 아래 한글 기준으로 작성한 사례이지만, MS워드에 준용해 적용해도 무방할 것이다.

우선 문서의 기본적인 양식과 조정된 경우의 예시를 보고 나서 다음 페이지는 아주 간단하지만 특정한 제목을 가상해 보고서를 작성해 보았으니 기본 ①에 기초한 기본 보고서와 조정한 ②에 기초한 보고서를 비교해 보기 바란다.

예시 < 기본 ① >

<보고서 작성과 보고의 기술> 제작 배포 검토(안)

2025. 3.17.(월) ○○기획국

1. 검토 배경
   ○ 기본적인 보고서 작성과 보고 역량 강화 필요성, ◇◇회의에서 제기
   ○ 입사 OJT 과정중 관련 교육이 부재하고 간부 연수 커리큘럼으로도 개설된 바 없음
   ○ <보고서 작성과 보고의 기술> 을 인쇄 제작 배포, 보고서 작성 조직문화 개선 필요

2. 기대 효과
   ○ 보고서 작성과 보고 과정에서의 상·하 간 갈등 해소 → 조직문화 쇄신
   ○ 인쇄된 교재를 활용함에 따라 집체 연수 등 추진 불필요 → 업무 공백 최소화
   ○ 보고서 작성 및 보고 과정 단축 → 신속한 의사결정 가능
   ○ 조직 인력의 역량 및 경쟁력 강화 효과 기대

3. 소요 예산
   ○ 현재 확보된 예산 없음 ⇨ 예산부서 협조 특별 배정 협의 완료 (2.10. 예산국장)
   ○ 소요 예산 내역 : 15,000원 x 500권 = 7,500,000원

4. 추진 일정
   ○ 교재 작성 위원회 구성 : 추진 결정후 15일 이내 (~ 4월10일)
   ○ 교재 작성 : 1개월 (~ 5월10일)
   ○ 인쇄 및 배포 : 10일 (~ 5월20일)

5. 향후 조치
   ○ 소요 예산 : 내년도(2026년) 예산 편성시 반영 예정
   ○ 교재 배포 : 실국장 간부 (개인별 송부) / 직원 (인원 비례 감안, 본부별 배포)
   ○ 연수 등 활용 : 신입사원 OJT 및 간부 교육 강의 커리큘럼 반영

첨부 : <보고서 작성과 보고의 ABC> 인쇄 제작 배포 세부 추진(안) 1부.

> 예시 < 조정 ② >

<보고서 작성과 보고의 기술> 제작 배포 추진(안)

2025. 3.17.(월) ○○기획국

1. 검토 배경
   ○ **기본적인 보고서 작성과 보고 역량 강화 필요성, ◇◇회의에서 제기**
   ○ 입사 OJT 과정중 관련 교육이 부재하고 간부 연수 커리큘럼으로도 개설된 바 없음
   ○ <보고서 작성과 보고의 기술> 을 인쇄 제작 배포, 보고서 작성 조직문화 개선 필요

2. 기대 효과
   ○ 보고서 작성과 보고 과정에서의 상·하 간 갈등 해소 → 조직문화 쇄신
   ○ 인쇄된 교재를 활용함에 따라 집체 연수 등 추진 불필요 → 업무 공백 최소화
   ○ 보고서 작성 및 보고 과정 단축 → 신속한 의사결정 가능
   ○ **조직 인력의 역량 및 경쟁력 강화** 효과 기대

3. 소요 예산
   ○ 현재 확보된 예산 없음 ⇨ **예산부서 협조 특별 배정 협의 완료** (2.10. 예산국장)
   ○ 소요 예산 내역 : 15,000원 x 500권 = 7,500,000원

4. 추진 일정
   ○ 교재 작성 위원회 구성 : 추진 설성후 15일 이내 (~ 4월10일)
   ○ 교재 작성 : 1개월 (~ 5월10일)
   ○ 인쇄 및 배포 : 10일 (~ **5월20일**)

5. 향후 조치
   ○ 소요 예산 : 내년도(2026년) 예산 편성시 반영 예정
   ○ 교재 배포 : 실국장 간부 (개인별 송부) / 직원 (**인원 비례 감안, 본부별 배포**)
   ○ 연수 등 활용 : **신입사원 OJT 및 간부 교육 강의 커리큘럼 반영**

첨부 : <보고서 작성과 보고의 ABC> 인쇄 제작 배포 세부 추진(안) 1부.

> < 조정 ② > 보고서를 항목별로 살펴보자

<보고서 작성과 보고의 기술> 제작 배포 추진(안)   ← ①

2025. 3.17.(월) ○○기획국

1. 검토 배경   ← ②

   ○ <u>기본적인 보고서 작성과 보고 역량 강화 필요성, 간부 회의에서 제기</u>   ← ③
   ○ 입사 OJT 과정중 관련 교육이 부재하고 간부 연수 커리큘럼으로도 개설된 바 없음   ← ④
   ○ <보고서 작성과 보고의 정 을 인쇄 제작 배포, 보고서 작성 조직문화 개선 필요

2. 기대 효과   ↖ ⑤

   ○ 보고서 작성과 보고 과정에서의 상·하 간 갈등 해소 → 조직문화 쇄신
   ○ 인쇄된 교재를 활용함에 따라 집체 연수 등 추진 불필요 → 업무 공백 최소화
   ○ 보고서 작성 및 보고 과정 단축 → 신속한 의사결정 가능
   ○ <u>조직 인력의 역량 및 경쟁력 강화</u> 효과 기대

3. 소요 예산

   ○ 현재 확보된 예산 없음 ⇨ <u>예산부서 협조 특별 배정 협의 완료</u> (2.10. 예산국장)
   ○ 소요 예산 내역 : 15,000원 x 500권 = 7,500,000원

4. 추진 일정

   ○ 교재 작성 위원회 구성 : 추진 결정후 15일 이내 (~ 4월10일)
   ○ 교재 작성 : 1개월 (~ 5월10일)
   ○ 인쇄 및 배포 : 10일 (~ <u>5월20일</u>)

5. 향후 조치

   ○ 소요 예산 : 내년도(2026년) 예산 편성시 반영 예정
   ○ 교재 배포 : 실국장 간부 (개인별 송부) / 직원 (<u>인원 비례 감안, 본부별 배포</u>)
   ○ 연수 등 활용 : <u>신입사원 OJT 및 간부 교육 강의 커리큘럼 반영</u>

첨부 : <보고서 작성과 보고의 ABC> 인쇄 제작 배포 세부 추진(안) 1부.   ← ⑥

① → 보고서 제목에는 보고 내용의 요지와 결론을 압축해 담아서 보고자가 판단한 최종 의견을 담아주는 것이 좋다.

(예시) <기본 ①>의 제목은 **<보고서 작성과 보고의 기술> 제작 배포 검토(안)**으로 제목만 봐서는 책자를 제작 배포할지 말지를 알 수가 없다.

그러나 (예시) <조정 ②>의 제목은 **<보고서 작성과 보고의 기술> 제작 배포 추진(안)**으로 제목만 봐도 책자를 제작 배포하고자 한다는 것을 알 수 있다.

② → 항목 1. 검토 배경은 본문이 휴먼명조체인 것에 비해 맑은고딕체로 글꼴을 달리하여 눈으로 보더라도 구분할 수 있게 하였다.

③ → 강조하고자 하는 문장은 볼드체와 밑줄로 강조한다.

④ → 줄 간격은 180%로 눈으로 보더라도 가독성, 가시성 효과를 고려하고 있다

⑤ → 항목 간 줄 간격 180%로 구분할 경우, 항목 간 간격이 너무 넓어져 보이기 때문에 항목 간 간격 조정 대신 글자 크기를 13이 아닌 5로 조정한 결과이다.

항목 간 구분 시 글자 크기를 조정하지 않은 경우	항목 간 구분 시 글자 크기를 13 → 5로 조정한 경우
1. 검토 배경 　○ 기본적인 … 　○ 입사 OJT … 　○ <보고서 작 … 2. 기대 효과 　○ 보고서 … ← 줄 간격 180%, 글자 크기 13	1. 검토 배경 　○ 기본적인 … 　○ 입사 OJT … 　○ <보고서 작 … 2. 기대 효과 　○ 보고서 … ← 줄 간격 180%, 글자 크기 5

⑥ → 상세한 보고서는 첨부로 처리한다.

> 실제 저자가 보고한 (최종) 보고서: 압축 예시

아파트 ☐☐☐ 관련 ☐☐ ☐☐☐☐ 추진(안) 보고

2023.11.22.(수) / 경영본부 수신료국

■ 미팅 개요
  ○ 대상자 : △△△△
  - 전달자료 : ① 공과금 등 △△△△ ② △△△△ 법률자문 결과
              ③ △△△△ 협조 요청 건 정리 자료

■ 미팅 결과
  ○ 공동주택관리법 및 시행령에서의 △△△△

<이하 생략>

수신료 ☐☐☐☐ 협상 최종 결과 보고

2024.1.29.(월) 경영본부 수신료국

1. 협상 개요
   ○ △△△△
   ○ 갱신 계약 대상
   - △△△△

2. 협상 주요 내용
   ○ △△△△

3. 기타 협상 결과
   ○ △△△△

4. 향후 조치 사항
   ○ △△△△

<이하 생략>

집합건물 □□ ○○○○ 추진 상황 보고

2024.10.14.(월) 경영본부 수신료국

1. 건축물에 따른 △△△△ 법령과 근거
   ○ △△△△

2. 집합건물 △△△△ 개정 필요성
   ○ △△△△

3. 추진경과
   ○ △△△△

〈이하 생략〉

한전 □□ ○○○○ 대응방안 보고

2024.11.19.(금) 경영본부 수신료국

1. 한전 △△△△
   ○ △△△△

   ※ 확인한 △△△△
   □ △△△△

2. 상황 분석 등 검토 의견
   ○ △△△△

3. 대응과 조치 방안
   ① △△△△
     - △△△△
   ② △△△△

5
보고서의 검증과 확인

보고 전에
여러 번 읽기

보고서를 완성한 후 시간적인 여유가 있다면 상사 보고 전까지 다시 읽어보면서 오탈자가 없는지, 내용은 맞는지 확인한다.

보고서를 작성하고 수정을 거듭하면서 보고서는 어렵게 완성된다. 보고서 작성자가 완성한 보고서를 가지고 중간 관리자의 검토와 수정 등 중간 과정을 다시 거치고 나면 보고서가 완료되었다고 판단하는 시점이 온다.

보고서 최종 보고자는 보고일, 보고하는 시간까지는 완성된 보고서를 준비해 놓고 기다리게 된다. 이때 보고서를 완성 후 시간적인 여유가 있다면, 다시 보고서를 여러 번 읽어보는 것을 추천한다. 왜냐하면 오탈자가 없는지, 맞춤법에 어긋난 것이 없는지 다시 읽어보면 오탈자도 발견되고 보고서상의 분석과 내용도 생각했던 것과 달리 수정해야 하는 부분도 발견된다.

오전에 작성한 보고서를 오후에 읽어보면 다른 느낌을 받기도 하고, 오늘 작성한 보고서를 내일 읽어보면 또 다른 느낌과 생각이

들기도 한다. 결국 종전 기준과 생각대로 완성했다고 판단한 보고서가 미흡한 보고서임을 뒤늦게 알게 되고 수정하는 경우가 생긴다.

물론 보고서 작성 후 보고하기까지 시간적 여유가 없다면, 읽어보고 싶어도 기회가 없을 수 있다. 그렇지만 읽어볼 시간이 있다면 많은 시간을 할애할 필요 없이 속독하더라도 다시 읽어보는 것을 권장한다.

보고 전에 비판하고 반대해 보기

완성된 보고서라도 보고 전에
비판적인 시각으로 문제가 없는지
검증을 수행해 보는 것이 필요하다.

보고서가 완벽하게 작성이 되었다고 판단되더라도 상사에게 보고하기 전에 동료들과 함께 점검해 보는 것이 좋다. 보고서를 점검할 때 중간 관리자는 부하 직원이 부담을 갖지 않고 편안한 가운데 의견을 제시하도록 분위기를 만들어주는 것이 좋다.

그리고 보고서 검증이 끝났다고 판단되더라도 본인이 해당 보고서를 반대하는 입장에 서서 비판을 해보는 것도 방법이다. 보고서를 비판하고자 한다면 그에 대한 대응 방어 논리는 무엇인지를 생각해 본다. 어차피 상사에게 보고서를 가지고 보고할 때 원만하게 보고가 이루어지지 않는다면 유사한 부정적 의견과 비판이 제기될 것이기 때문이다. 이러한 과정을 거치고 나서도 보고서에 흠잡을 데가 없다면 비로소 보고서가 완성된 것이다.

글로 작성할 필요는 없겠지만, 비판적인 질문을 만들어 상사의 입장에서 질의를 해보고 답변을 해보는 것이다. 상사의 질의를 준비했던 모범 답변을 통해 해소한다면 보고가 원만하게 마무리될 수 있다. 그렇다고 예상 질의의 적중률이 낮다고 해서 실망할 필요는 없다. 생각해 본 비판적인 질문을 받지 않고 순탄하게 보고가 마무리될 수도 있기 때문이다.

중간 관리자는
과감하게 수정하기

부하 직원이 작성한 1차 보고서를
정독 없이 무시해서도 안 되지만, 필요하다면
과감하게 수정하는 것도 머뭇거려서는 안 된다.

직원의 보고를 받다 보면 멋진 보고서와 깔끔하게 보고하는 경우를 접하기도 하지만, 장황하게 작성한 보고서를 접하고 중언부언하는 보고를 받는 경우가 있다. 직원의 1차 보고서를 바탕으로 다시 상급자 및 상사에게 보고해야 하는데, 직원의 1차 작성 보고서를 지적해서 고치는 데 미안한 생각이 들어서 손을 대지 못하는 경우도 있을 수 있다.

관리자라면 지적과 수정 지시를 하는 것에 망설임이 없어야 한다. 정성을 다해 보고서를 작성한 직원에게는 미안한 일이지만 과감히 지적하고 수정해야 한다. 부하 직원의 수정이 여의치 않다면 중간 관리자가 직접 수정해서 최종 보고서를 완성한다.

부하 직원이 작성한 미흡한 1차 보고서를 가지고 중간 관리자가 개인기를 발휘해서 보고가 원만하게 이루어지는 경우도 있지만,

그렇지 않은 경우도 발생하기 마련이다. 이렇게 되면 그 보고서가 상사의 승인을 받지 못하는 것으로만 끝나는 것이 아니다. 이를 계기로 보고자는 보고를 받는 상사에게 신뢰를 잃을 수도 있는 것이다. 그래서 중간 관리자는 보고서를 고치는 데 있어서 주저하지 말고 1차 보고서를 작성한 부하 직원에게 보고서의 부족함을 지적하는 데 인색하지 말기를 바란다.

물론 1차 보고서에 대해 충분하게 정독을 하고 나서 지적과 수정을 해도 해야 하는 것은 기본 중의 기본이다. 불편한 자리일 수 있지만, 보고서에 대한 지적과 수정을 통해 하급 직원이 향후 유사한 잘못과 실수를 하지 않고 성장하는 기회가 될 수 있기 때문이다.

막상 지적하면 분위기가 안 좋을 수 있지만, 오히려 잘못한 것을 넘어가지 않고 지적해 주는 관리자가 좋은 관리자다. 다만, 부하 직원에게 지시하지 않고 중간 관리자가 직접 수정해야 한다면 수정한 것을 다시 부하 직원에게 수정하였음을 알려주고 확인을 거칠 필요가 있다. 혹시 중간 관리자가 오해하고 잘못 수정하는 경우가 발생할 수도 있기 때문이다.

보고의 요령과 실제

3장

1
보고의 의의와 평가

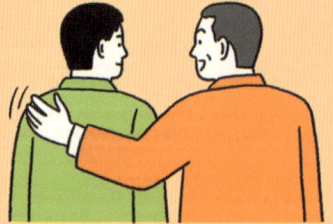

놓치지 말아야 할 보고의 타이밍

보고는 타이밍이 중요하다.
사후약방문(死後藥方文)이 되지 않도록
보고는 때를 놓치지 않아야 한다.

만약 중간 관리자 또는 그 위 상사라면, 어떤 사안이 발생하고 나면 바로 하급자로부터 보고받기를 원한다. 그런데 공교롭게도 보고를 받아야 할 사항은 근무시간에만 발생하는 것이 아니라, 근무가 끝난 퇴근 이후에 발생하는 경우가 있다.

그러면 상사는 상황의 발생, 사건의 경과, 문제점, 판단과 조치 방안 등에 대해서 신속한 보고를 원하고 궁금해한다. 그런데 근무시간이 지났기에 직원에게 연락해서 보고를 해달라고 요구하지 못한다. 퇴근 후 업무로 연락하는 상사가 전화받는 직원에게 좋은 소리 들을 수 없기 때문이다. 그래서 상사는 전화나 SNS로 직원에게 연락은 하고 싶어도 하지 못하고 망설이게 된다.

상사의 입장을 배려하는 것이 필요하다. 부하 직원이 보고할 상황이 발생한 것을 모르면 어쩔 수 없는 일이지만, 상황이 발생한 것을 인지하였다면 주저하지 말고 차상위 상급자에게 정식 보고가 아니더라도 유선 등으로 간이 보고를 해주는 것이 좋다. 여기서 주의할 것은 보고 계통을 지켜주는 것이다. 중간 관리자가 모르고 있을 수도 있으니 중간 관리자에게 먼저 연락해 주면 중간 관리자는 이를 다시 자신의 상급자에게 보고하게 된다.

모르면 몰라도 상황이 발생한 것을 인지하였으면서도 이에 대한 보고를 소홀히 하고 눈 감아버리면, 상황이 악화 전개되어 문제를 해결하고 대처해야 할 골든타임을 놓쳐버릴 수 있다.

그리고 보고 회피로 인해 실무자가 더욱 힘든 상황이 될 수 있다. 보고 당사자는 물론, 보고 계통에 있는 관리자, 해당 조직 전체에도 좋지 않은 상황으로 전개되는 경우가 생길 수 있다. 이렇게 되면 '그때 보고할 걸 그랬나'라고 후회할 수 있으니 보고의 타이밍을 절대 놓치지 않기를 바란다.

편하게 보고할 수 있는 배려

상사는 편안한 분위기에서 보고가 원활히 이루어질 수 있도록 부하 직원을 배려하고 격려해야 한다.

보고서 작성과 보고는 항상 부담되고 걱정되는 일이 아닐 수 없다. 직장인들에게는 구두 보고 또는 보고서 등 문서 보고가 매일의 일상인 것 같지만, 피하고 싶은 것은 직장인 모두의 마음일 것이다. 보고를 받는 관리자 또는 상사가 소위 말하는 깐깐한 분일 경우에는 특히나 더 그렇다.

그래서 다단계 구조로 보고가 이루어지는 경우라면, 보고를 받는 중간 관리자는 부하 직원이 작성한 보고서에 대해 심하다 싶을 정도로 지적하고 비판하는 것은 가급적 삼가라고 말하고 싶다. 부하 직원이 나름대로 정성을 들여서 작성한 보고서를 가지고 걱정과 두려움으로 힘겹게 보고하는데, 보고서의 형식을 지적하거나 보고의 내용을 문제 삼으면 보고하는 직원은 기운이 빠진다. 직원은 원만하게 보고가 마무리되지 않을 경우에는 남아 있는 하루의 일과가 손에

잡히지 않을 수도 있다.

　중간 관리자 중에는 본인이 부하 직원으로서 보고서를 작성하고 보고하면서 겪은 경험을 잊어버리고 직원을 대하는 분도 있을 수 있는데 하급자로 어려웠을 때를 다시 생각해 볼 필요가 있다. 다소 마음에 들지 않는 보고를 해도 차분하게 인내하면서, 부하 직원이 편안한 분위기에서 보고할 수 있도록 해주어야 한다. 칭찬하는 데 인색하지 않고, 실무자로서 새로운 시각과 시도를 했다면, 이에 대해서 격려하고 응원도 아끼지 않아야 할 것이다.

　중간 관리자는 부하 직원의 미숙함을 탓하지 않고 배려하고 격려함으로써 부하 직원이 향후 보고할 기회가 있을 때 망설이며 주저하지 않고 보고가 신속하고 원활하게 이루어지도록 분위기를 조성해 주는 것이 필요하다.

보고가 끝날 때까지 경청하기

보고자는 보고서 작성과 보고에 이르기까지
그 분야에서 가장 고민을 많이 한 전문가다.
진지하게 보고에 경청할 필요가 있다.

어떤 사안에 대한 보고서 작성에 있어서 최고의 전문가는 그 보고서를 작성하는 보고자라고 할 수 있다. 그 보고자는 대개 실무자일 가능성이 많다. 해당 업무에 정통하고 업무와 관련한 사안의 보고서를 작성하는 실무자는 많은 시간을 투자하고 고민과 검토를 거쳐 보고서를 작성하게 된다.

완성된 보고서를 가지고 보고자가 보고하면 그 보고가 흡족하고 마음에 들 수도 있지만 그렇지 않은 경우도 있다. 상사 입장에서 궁금한 사항을 질의하고 답변을 듣는 과정을 거치며 해소되는 경우도 있지만, 간혹 기대에 부합하지 않은 보고서와 보고에 마음이 불편할 수도 있다.

그래서 부하 직원을 질책하면서 보고서 재작성을 지시하기도 한다. 상사의 판단이 정확해 부하 직원이 지적을 수용하면서 보고서 수정을 하겠다고 인정하면 다행이고 거기서 끝이다. 그런데 상사가 지적하고 질책을 하는데, 보고서를 작성했고 보고하는 보고자가 변명이 아닌 보고서 작성 취지를 설명하면서 지적을 인정하지 않으려 완강히 고집한다면, 상사는 한발 물러나서 직원의 설명을 경청할 필요가 있다. 그렇게 보고자가 고집할 때는 이유가 있다는 것을 알아야 한다.

상사는 고압적인 자세로 보고자를 압박하지 않아야 한다. 불편한 분위기로 인해 보고자가 할 말은 있는데, 입을 닫고 부연해서 추가 설명하지 않고 보고를 중도에 포기한다면 그로 인해 발생되는 문제는 보고받는 상사가 책임져야 할 수 있다. 왜냐하면 문제가 있음을 얘기하려는 것을 상사가 중지시켰기 때문이다.

보고가 마음에 들지 않더라도 보고 중간에 중지시키지 말고 편안한 분위기에서 보고가 끝까지 이루어지도록 상사가 배려하는 것이 필요하고 중요하다.

상하 보고 계통과 절차 준수

보고는 계통과 절차를 준수해야 한다.
차상위 상급자 보고를 누락하고
상사에게 먼저 직접 보고하는 것은 바람직하지 않다.

어떤 사안이 발생했을 때, 상황이 급박하게 돌아가다 보면 상사가 지휘 계통을 무시하고 하급 간부가 아닌 실무자에게 직접 보고서 작성과 보고 지시를 하는 경우가 생긴다. 마찬가지로 실무자도 차상위 상급자가 아닌 보고 단계를 건너뛰어 직위가 높은 상사에게 보고하는 일이 발생하기도 한다.

마음이 급하더라도 계통과 절차를 무시하고 보고서 작성과 보고가 진행되는 것은 바람직하지 않다. 그렇지만 상황이 급박하게 돌아가기 때문에 우선 처리를 하고 사후 보고를 해야 하는 상황도 발생하는 것이 직장이다.

이럴 때, 실무자와 상사는 마음을 가라앉히고 정식 계통과 절차를 밟지 않더라도 간이 보고를 하는 것이 좋다. 실무자는 상사로부터 직접 구두 또는 전화 지시를 받았을 때, 차상위 상급자에게 상사로부터 급하게 직접 지시를 받았다며 보고하는 것이 필요하다. 그리고 보고서를 작성해 보고를 지시한 상사에게 직접 보고하게 되더라도 중간의 차상위 상급자에게는 SNS 또는 이메일로 보고서를 송부해 주는 것이 좋다.

이것을 간과한다면 중간 관리자와 실무자 사이에서는 보고 진행 상황을 알려주지 않은 것으로 갈등이 생길 수 있으니 조심하는 것이 좋다.

반대로 상사는 급한 상황에서 중간 관리자를 건너뛰어 실무자에게 지시하고 난 뒤라도 바로 중간 관리자에게 알려주고 급해서 그랬다고 이해를 구하고 실무자로부터 해당 보고를 받게 되면 지체하지 말고 보고해 달라고 요청하는 성숙한 배려가 필요하다.

직장에서 업무를 하다 보면 상하 보고 계통과 절차를 간과하는 일이 가끔 생길 수밖에 없다. 그렇더라도 이를 최소화하고 서로의 입장을 생각해 주는 역지사지(易地思之) 마음의 배려가 바람직하다. 결국 이러한 상호간의 인정과 배려가 근무 분위기뿐만 아니라, 조직 전체적으로 업무 실적 향상에도 도움이 될 것이다.

대외비 보고서의 유지는 현실적으로 불가

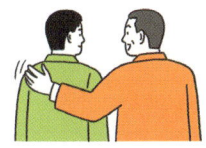

대내외로 공개되지 않고 끝까지 대외비 문서로 보안이 유지될 수 있는 보고서가 가능하다고 생각하는 것은 순진한 생각이다.

보고서를 쓰다 보면 해당 보고서는 보고가 끝나고 나서도 대내외로 공개되지 않고 끝까지 보안이 유지되어야 할 필요가 있을 때가 있다. 그래서 보고서를 작성하면서, 해당 보고서는 향후 대내외에 공개되지 않고 '대외비'로 다루어져야 할 것을 보고서에 표시해 두는 경우가 있다.

어떤 사안의 책임자, 관계 부서, 관련 기관의 문제점, 내밀한 정책 결정 등을 적시하다 보니 대내외로 공개되지 않고 보안이 유지되어야 하는 이유가 있다. 그런데 이렇게 작성한 보고서가 나중에 어떤 기회와 경로로 공개가 될 경우에는 그 파장과 후유증은 의외로 클 수 있다. 만약 불가피하게 보고서에 해당 내부 조직의 문제점을 적시한다면, 고도의 주의를 기울여 작성해야 할 것이다.

대외비로 처리한 문서도 결국 언젠가는 공개될 수밖에 없다는 것을 가정하고 보고서를 작성하는 것이 지혜로울 것이다. 공개되더라도 보고서로 인한 불필요한 갈등과 오해가 발생되지 않도록 신경 쓸 필요가 있다.

나중에 공개되어서는 안 되는 대외비 보고서도 언젠가 공개가 될 수도 있다는 것을 감안해서 용어의 사용, 문제점, 민감한 정책을 적시하더라도 그 표현 방식 등에 신중을 기하는 것이 좋다.

2
보고의 준비

사전 보고의 필요성

대면 보고 전, 상사에게 SNS 등으로 보고서를 파일로 보내서 사전 검토하게 하는 것도 정식 보고의 효율성을 높이는 방법이다.

보고서를 작성하고 보고를 준비하다 보면, 신경 써야 할 것들이 생각보다 많다. 보고서를 작성하고 보고를 대비한 시나리오를 생각하고 혹시나 있을지도 모를 상사의 지적과 비판 등 다양한 차원에서 준비하다 보면 의외로 챙겨야 할 것들이 있다.

그런데 보고서가 담고 있는 사안에 대해서 보고받을 상사가 사전 정보를 가지고 있다면 괜찮겠지만, 새롭게 제기된 문제이거나 심사숙고해서 보고받을 사안이라면 상사는 대면 보고의 짧은 시간과 보고 현장에서 의사결정을 하기는 어려운 일일 수 있다.

그러므로 보고받을 상사가 보고서가 담고 있는 사안에 대해서 정통하더라도 구두 보고 전에 가능하다면 상사에게 보고할 보고서 파일을 SNS 등으로 미리 보내서 사전에 읽어보고 검토할 시간을 드리는 것도 정식 대면 보고의 완성도를 높이는 방법이 될 수 있다.

보고하는 본인은 충분한 시간을 가지고 검토하고 판단했으면서 보고받을 상사에게는 짧은 보고 시간 동안 신속한 의사결정을 해 달라고 요구하는 것은 역지사지 입장에서 생각해 본다면 무리한 요구이면서 바람직하지 않다.

보고를 위한 시나리오 작성

보고서 내용도 중요하지만
보고를 잘하는 것도 중요하다.
마음속으로 시나리오를 짜서 보고를 준비한다.

　보고서를 잘 작성하는 것이 중요하지만 그 보고서를 잘 보고하는 것도 그 이상 중요할 수 있다. 상사 앞에 보고하러 가서 보고서를 한 줄 한 줄 다 읽어가면서 보고할 수도 있지만, 많은 시간이 주어지지 않을 가능성이 많기 때문에 일일이 읽어가면서 보고하는 것을 기다려주지 않을 수 있다.

　그래서 보고서는 작성했지만 정작 상사 앞에서 보고할 때는 보고서 중 어떤 대목을 강조해서 보고할지, 혹은 보고서에 담지 않았지만 구두로 보고할 사항이 있다면 보고서 중 구두로 보고할 내용 등을 미리 결정해 두는 것이 좋다.

　즉, 보고의 시나리오를 미리 짜놓고 이를 이용하는 것이다. 보고자가 할 말을 정해놓고, 보고받는 상사의 반응과 질의를 예상해 보고 그에 따른 답변도 생각해 두는 것이다. 보고 과정에서 보고자가 짜놓은 시나리오대로 보고가 이루어지면 보고는 원만하게 끝날 수 있다.

아무리 보고서를 잘 작성했어도 상사 앞에서 당황하거나 상사의 질문에 답변을 제대로 하지 못하면, 상사는 보고서뿐만 아니라 보고자에 대한 신뢰를 접을 수 있으니 시나리오를 짜서 도움을 받아가면서 성공적으로 보고가 이루어지도록 노력해야 한다.

실전처럼 보고 연습

상사에게 보고 전에 작성한 보고서를 가지고 입 밖으로 소리 내어 실전처럼 보고하는 연습을 해본다.

보고를 위해 마음속으로 보고용 시나리오를 짜서 준비하는 과정에서 실제 보고 현장에서 보고하는 것처럼 연습을 해보는 것이 필요하다. 막상 실제 보고 현장에서는 생각한 만큼 안 되는 것이 현실이다. 우선 말하려고 한 것도 잊어버리고, 보고 시간도 조절하지 못해 장황하게 설명하다가 상사로부터 간단히 보고하라는 질책을 받기도 한다. 그럼 더 당황할 수 있다. 설명해야 할 내용도 눈에 잘 들어오지 않는다. 그리고 보고 현장을 벗어나면, 정작 보고서의 어떤 부분을 강조하면서 보고를 끝마쳤는지 기억나지 않기도 한다.

많은 시간과 공을 들여 작성한 보고서를 제대로 보고하지도 못하고 후회가 남지 않도록 하기 위해서는 상사 앞에서 실제로 보고하는 것처럼 입 밖으로 소리 내어 실전처럼 보고하는 연습을 할 필요가 있다.

그렇게 하다 보면 불필요한 보고를 하지 않는지, 어떤 부분을 더 강조해서 보고해야 하는지, 부여받은 보고 시간 내에 보고를 마칠 수 있는지 등을 판단할 수 있다. 부족한 느낌을 받는다면, 수차례 연습을 통해 상사 앞에 가서 당황하지 않고 보고할 수 있도록 준비하는 것이 필요하다.

보고서는
2부를 준비

보고서는 보고를 하는 보고자용 1부,
보고를 받는 상사용 1부 총 2부를 준비한다.

　　보고서를 준비할 때는 보고하는 보고자용 1부, 보고받는 상사용으로 1부, 총 2부를 준비한다. '결재판'에는 보고받을 상사용 보고서를 배치하고, 동일한 보고서의 보고자용은 본인이 별도로 손에 들고 보고에 들어간다.
　　보고자용 보고서에는 활자화되어 있지 않지만 보고 중 보고자가 구두로 추가해서 보고할 내용을 메모해 준비해 둔다. 보고가 시작되면 미리 메모로 적어둔 내용을 언급하면서 보고를 이어간다. 여기서 메모의 양이 너무 많으면 곤란하다. 보고자는 보고서를 보고 있는데, 보고서에 없는 내용을 보고자가 설명하면, 보고서의 어느 부분을 보고하는지 보고서를 스캔하면서 그 부분만 찾게 된다. 보고서에 없는 내용은 보고서의 흐름을 끊지 않는 선에서 최소화하는 것이 좋다.

보고자용 원고와 메모는 별도로 준비

보고하는 보고자용 1부에는 보고를 받는 상사용과 달리, 보고할 내용의 원고 수준은 아니더라도 수기로 메모를 해서 준비한다.

    보고서를 잘 작성해서 보고를 준비했다고 하더라도 막상 상사 앞에 가서 보고서를 제출하고 보고를 하다 보면, 보고서 내용을 일일이 읽어 내려갈 수가 없다. 이미 보고받는 상사는 보고서를 눈으로 보면서 보고자보다 더 빨리 읽어 내려가고 있기 때문이다.

    보고자는 보고서 중 어느 부분을 읽으면서 보고하고 어떤 부분은 구두 보고를 생략할지 정해야 한다. 그리고 작성된 보고서에는 담지 않아 기술되어 있지 않지만, 상사에게 보고 과정에서 언급해야 하는 내용도 있을 수 있다. 중요하다고는 할 수 없어 보고서에 담지는 않았지만 보고 과정을 통해서 보고 또는 언급을 해야지 하는 내용이 있을 수 있다.

    그래서 보고서를 작성해서 보고하는 보고자는 자신의 보고자용 보고서에 원고 또는 메모를 해두었다가 상사 앞에 보고하러 가서는 본인이 생각해 놓은 시나리오대로, 메모해 둔 것을 활용하면서 보고하는 것이 필요하다.

보고서와 밀접한 관련이 없는 내용, 예를 들어 세간의 이슈, 조직 내의 관심 등도 필요하다고 판단되면 언급할 수 있다. 혹자는 말할 수 있다. 작성한 보고서도 보고하기 바쁜 가운데, 그런 내용을 보고할 시간도 없고 필요도 없는 것이 아니냐고. 보고서가 상사로부터 승인이 나기까지는 보고서만이 결정적으로 영향을 미치는 것이 아니라, 다양한 요소가 작용하는 것이 현실이다. 어렵겠지만 여유와 유연성을 가지고 보고에 임할 것을 권장한다.

보고서와 별도로
PC 파일 소지

상사에게 보고하러 갈 때,
현장에서 수정을 할 수도 있으니 이를 대비해
PC 파일을 가져가는 것이 바람직하다.

보고서를 프린트해서 준비해 상사에게 보고하러 갈 때, 보고서만 가져가는 것보다는 보고서 컴퓨터 파일을 본인의 SNS로 미리 보내놓거나 USB 등에 담아서 가는 것이 좋다.

보고를 기다리면서, 보고 대기 중에 보고자가 작성해 온 보고서를 보다 보면 수정할 곳이 눈에 띌 때가 있다. 프린트한 보고서만 가져갔을 경우, 다시 사무실로 돌아와 수정할 시간이 없다면 당혹스럽다. 보고서를 수정해야 하는 것을 알면서도 수정하지 않은 보고서를 가지고 상사 앞에 가서 보고를 하다 보면 보고자는 걱정하게 되고 제대로 보고할 수가 없다. 그리고 수정을 반드시 하고 보고해야 할 사항이라면 보고할 시간을 다시 잡아야 하는 등 보고가 순조롭게 이루어지지 못한다.

상사에게 보고하러 갈 때는 수정을 대비해 컴퓨터 파일을 본인의 SNS 등으로 보내놓고 간다면, 보고 현장에서 수정해서 다시 프린트하고 보고를 지체하지 않고 수행할 수 있다. 보고서 파일을 가져가는 것이 부담되는 것이 아니니 조금만 신경을 쓴다면 보고의 효율을 제고할 수 있다.

보고하는 당일에는 아침형 인간으로

비록 오후에 보고가 예정되어 있더라도
보고서를 보고하는 당일만이라도
아침형 인간으로 사는 것을 추천한다.

보고서를 보고하는 당일에는 상황이 바쁘게 전개될 가능성이 많다. 중간 관리자가 완성된 보고서를 가지고 상사에게 보고하려고 할 때, 중간 관리자가 보고서를 다시 보다 보면 그동안 눈에 띄지 않던 사항이나 생각해 보지 않았던 문제가 새롭게 떠오르기도 한다.

보고를 하기로 한 중간 관리자가 갑작스럽게 보고서의 1차 작성자인 부하 직원을 찾아서 보고서와 관련 사항을 문의해 올 수도 있다. 또 보고를 받기로 예정되어 있던 상사가 갑작스럽게 보고 시간을 앞당겨 조정을 통보하거나 갑자기 생각난 것을 추가해 보고할 것을 요구하는 등 보고서를 보고하는 당일에도 상황이 예정된 대로 진행되지 않을 가능성도 있다.

그렇기에 보고서를 보고하기로 되어 있다면, 보고하는 당일만이라도, 그리고 그 보고 시간이 비록 오후로 예정되어 있을지라도 아침 일찍 준비할 것을 챙기고 만일의 상황과 사태를 대비하는 것이 좋다. 하급 실무자 입장에서도 중간 관리자가 상사에게 잘 보고하겠지 하고 마음을 놓고 있지 말고, 혹시나 발생할 수도 있는 모든 상황에 대비하면서 대기하고 있는 자세가 필요하다.

3
돌발 변수의 대비

상사의 컨디션을 확인하기

보고하는 날, 상사의 컨디션이
보고의 성공 여부에 영향을 줄 수도 있다는 것을
인정할 수밖에 없다.

보고하는 날, 보고자도 그렇지만 보고받을 위치의 상사도 심신의 상태, 컨디션이 좋을 수도 있지만 나쁠 수도 있다. 보고하는 날 당일 또는 전후로 해당 조직의 상황과 분위기 또한 이럴 수도 저럴 수도 있다.

보고자 및 상사, 해당 조직의 상황과 해당 보고서가 무슨 상관이냐고 생각할 수 있지만, 영향을 받을 수 있다는 것이 부인할 수 없는 현실이다. 날씨와 그날의 기분에 따라 보고받는 상사가 보고서를 마음에 들어 할 수도 있고, 보고를 마음에 들어 하지 않을 수도 있다는 말이다.

그래서 보고하는 날, 상사의 심신 상태 즉, 컨디션에 따라 보고의 성패가 결정되기도 한다. 보고가 성공적으로 마무리될 수도 있고 아닐 수도 있다. 보고서의 완성도가 결정적인 요소가 되어야 하는데 보고서가 완벽하고 보고가 잘 이루어지더라도 최종적인 보고의 결과는 달라질 수 있다는 것이다.

그러므로 보고하는 시점의 선택 또한 이러한 감정적인 요인을 도외시하지 않고 심사숙고해 결정하는 것도 중요하다. 물론 보고 시간을 보고자가 정할 수는 없지만 말이다. 안타깝지만 보고서 내용과 무관한 외적인 요소에 의해서도 보고의 성패가 결정될 수도 있다는 것이 우리가 근무하고 있는 직장 내에서의 엄연한 현실이다.

보고 시간이 단축될 우려

사전에 보고할 시간으로 할애된 보고 시간이 정작 보고 현장에서는 갑자기 축소될 수도 있음을 염두에 두어야 한다.

대개 보고를 하고자 하면 보고받을 상사와 사전 협의를 거쳐 보고하는 일시를 정해놓고 보고를 하게 된다. 몇 월 며칠, 오전 또는 오후, 그리고 보고에 할당된 시간은 10분, 20분, 30분, 이런 식으로 정해진다.

그러면 보고할 보고자는 그 할당된 보고 시간을 염두에 두고 보고서와 구두 보고할 내용을 생각하고 준비에 들어간다. 10분이면 이 정도, 20분이면 어느 정도 등 보고에 할당된 시간을 감안해 어떻게 보고할지 미리 마음속으로 정하게 된다.

그렇지만 막상 보고자 앞에 가서 보고하려고 들면 보고받을 상사가 지금 바쁘니 핵심만 간단히 보고해 보라고 할 수 있다. 압축해서 간단히 보고할 것을 염두에 두지 않았다면 당황해서 무엇을 어떻게 보고할지 머리가 멍해지기도 한다. 이러한 돌발 변수는 종종 발생하고 있다.

    보고자는 애초에 부여받은 보고 시간이 축소될 것을 염두에 두고, 짧게 압축해서 보고하게 될 경우에는 어떤 내용을, 그리고 보고서의 어느 부분을 강조해서 보고할지 미리 생각해 두고 돌발 변수를 감안해 보고에 임하는 것이 좋다.

상사의 기억력을 확인하기

상사는 이전에 보고를 받았다는 사실과
내용을 기억하지 못할 수도 있음을
감안하는 것이 필요하다.

보고를 하다 보면 보고 시간을 추가로 따로 잡아서 보고하게 될 경우가 발생할 수 있다. 이때 보고자는 이전 보고 내용을 상사가 이미 숙지하고 이해하고 있다고 생각하고 추가 보고에만 신경을 쓰고 집중하게 된다.

그런데 보고받는 상사는 보고자의 보고만 받는 것이 아니라, 여러 부서의 너무나 다양한 보고를 받다 보니 이전에 보고한 1차 보고를 정확히 이해하지 못하고 심지어 보고를 받은 바 있다는 것을 의심할 정도로 기억하지 못할 수 있다.

이럴 경우를 대비해서 이전에 보고했던 1차 보고서를 준비하거나, 2차 보고서에 1차 보고의 내용을 재요약하고 진행 경과 사항을 넣어서 보고하는 것도 방법 중 하나다.

보고 중 의견 충돌

상사와 의견이 상충되면 흥분해서 맞서지 말고, 차분하게 설득할 다음 기회를 찾도록 하자.

보고를 하다 보면 상사와 의견이 충돌하는 경우가 발생할 수 있다. 상사는 보고서 내용을 지적하고 보고자는 상사의 지적에 설명하고 때로는 반박한다. 보고자는 자신의 논리를 총동원하면서 상사를 설득하고 성공적인 보고를 위해 노력하게 된다.

이런 상황에서 보고자는 뜻대로 보고가 원만히 진행되지 않으면 흥분할 가능성이 있다. 상사도 마찬가지다. 오히려 보고자보다 더 흥분해서 화를 낼 수도 있다. 이때 보고자는 상사와 같이 흥분하지 말고 마음을 차분하게 가라앉히고 상사를 설득하는 데 노력을 다해야 한다.

그런데 해결 기미가 보이지 않을 경우 같이 의견 대립을 계속하지 말고 그 보고 자리에서 잠시 물러날 필요가 있다. 상사의 의견이 옳을 수도 있다. 상사의 의견에 대해서 동료 직원들과 다시 한번 상사의 의견을 전달하면서 논의를 해보는 것이 좋다.

　상사의 의견이 옳다면 그대로 수정을 반영해 추진하면 될 것이고, 만약 상사의 의견이 옳지 않다면, 다시 보고해도 되겠다고 판단되는 시점에 상사를 다시 방문해서 재보고를 시도하는 것이 좋다. 재방문 시점은 시간을 끌지 말고 서두르는 것이 좋다.

4
보고와 보고받기

결재판을 이용한 보고

결재판을 이용한 보고 시, 요약 보고서는
좌측 편철해 결재판의 우측에 배치하고,
상세 보고 자료도 좌측 편철해 좌측에 배치한다.

    보고서를 가지고 보고할 때, 대부분 결재판을 이용하게 되는데 요약 보고서는 보고받는 상사가 결재판을 펴서 볼 때 우측에 놓아두고, 상세 보고자료 또는 참고 자료는 결재판의 왼쪽에 놓아 배치하는 것이 좋다.

    요약 보고서는 한 장짜리일 경우에는 결재판에 클립이나 집게로 움직이지 않게 조치하지만, 두 장 이상일 경우에는 스테이플러로 편철할 때, 그 고정 위치를 좌측 상단으로 하는 것이 좋다. 좌측의 상세 보고서도 좌측 상단을 편철하는 것이 좋다. 보고받고 있는 상사가 넘겨가면서 보더라도 우측에 배치해 둔 요약 보고서를 덮어버리는 일이 생기지 않기 때문에 요약 보고서와 상세 보고서 모두 좌측 편철을 해도 된다.

상사가 보고 내용을 놓치지 않게 하기

보고받는 상사가 보고 위치를 찾지 못하는 경우를 대비해 볼펜 등을 준비해서 짚어주고 상사가 눈으로 따라 읽게 할 필요도 있다.

보고서를 가지고 상사에게 가서 대면 보고를 하다 보면, 보고받는 상사가 보고자가 보고서에서 보고하는 부분을 찾지 못하고 헤매는 경우가 있다. 보고자는 구두로 보고서의 어느 부분, 몇째 줄이라면서 상사가 눈으로 따라가면서 봐주어야 할 부분을 어디라고 얘기할 수밖에 없는 상황이 생긴다. 아니면 손가락으로 보고하는 부분을 짚어줘야 한다.

이때 구두로 얘기하거나 손가락으로 짚어주지 않고, 볼펜 등을 준비해 놓았다가 상사가 눈으로 봐주어야 할 부분을 짚어주는 방법이 있다. 보고자 본인은 이미 보고서의 한 대목을 읽어가면서 보고하고 있는데, 보고받는 상사는 보고자가 어디를 읽으면서 보고하는지 모른다면 보고서 내용을 정확히 파악할 기회를 놓쳐버리는 불상사가 벌어진다.

이를 미연에 방지하기 위해서 사전에 볼펜 등을 준비해서 대면 구두 보고를 하면서 필요시 사용하는 것도 보고의 효율을 높이는 방법이 될 것이다.

자신감 넘치는 보고의 효과

직설적이고 서두르는 방법보다는 간접적이고 여유를 가진 보고가 오히려 성공적인 보고로 이끌어주는 효과적인 방법이 될 수도 있다.

보고할 보고서가 완성되면, 원만하고 성공적인 보고가 이루어지기를 보고와 관련된 관계자들이 희망하는 것은 당연하다. 혹시나 있을 보고 과정에서의 불상사가 없기를 바란다. 그리고 상사가 보고를 승인하지 않을 수도 있기 때문에 보고 과정에서 마음을 놓지 못하고 노심초사할 수밖에 없다.

급한 마음과 보고를 잘하고자 하는 마음으로 보고자 앞에서 보고하기 시작하면 심신뿐만 아니라 보고하는 입까지 경직되는 경우가 있다. 이러다 보니 어색하고 서툰 보고가 이루어질 수 있다. 성공적인 보고를 위해서는 오히려 마음의 여유를 가지고 보고 현장의 딱딱한 분위기를 의식하지 않는 것도 필요하다.

예를 들어 보고와 밀접하지 않은 세간의 관심 등 간단한 화제일지라도 보고를 시작하는 초입부에서 꺼내는 것이다. 실없는 사람으로 보이는 것이 아니라 오히려 대담하고 긴장하지 않는 사람으로 보이며, 경직된 분위기를 풀어줄 수도 있다. 용기를 내야 한다.

    보고자가 긴장을 풀고 여유를 가지고 보고하고, 보고받는 상사도 편한 분위기에서 보고를 받도록 하는 것이다. 보고서와 무관하거나 거리가 있는 얘기가 본론에 들어간 보고서의 보고가 성공적으로 이어지게 하는 윤활유가 될 수도 있다.

확증 편향의 경계

보고서 작성 및 보고 과정에서
보고자와 보고받는 상사 모두가 확증 편향에
빠지지 말고 보고에 임해야 한다.

확증 편향이라 함은 자신의 가치관, 신념, 판단 따위와 부합하는 정보에만 주목하고 그 외의 정보는 무시하는 사고방식을 말한다. 소위 자기가 믿고 싶은 것만 믿고, 보고 싶은 것만 보는 것이다. 확증 편향은 보고서 작성과 보고에서 마음에 새기고 잊지 말고 경계해야 할 말이다. 어떤 사안에 대해 이미 답을 정해놓고 보고서를 쓴다면 매우 위험한 결과를 초래한다. 보이는 것이 전부가 아니고, 보인다고 해서 제대로 보이는 것이 아니고, 다른 각도에서 보면 달리 보일 수도 있기 때문이다.

제로베이스에서 검토해야 하고 알고 있는 사실도 한 번쯤 의심하고 확인하는 자세는 보고서 작성에 있어서 바람직하고 중요한 자세다. 적극적인 의심을 통해서만 새로운 사실과 보이지 않던 것이 보이게 될 것이다. 한쪽으로 지나치게 치우친 편협한 보고서가 아니라,

누가 보더라도 균형을 갖춘 정상적인 보고서가 되는 것이다.

참고로 균형 잡힌 보고서 작성을 위해 노력하는 자세는 보고서에만 국한하지 않고 조직 내 업무에 임하는 자세 및 의견 진술 등에도 영향을 미치게 된다. 그래서 자기의 주장만을 고집하지 않는 균형감 갖춘 직원으로 평가받게 될 것이다.

감동적인 연설문과 같은 여운이 남는 보고

독백이 아니라, 보고 후 상사를 감동시키는 연설과 같은 여운이 남는 보고가 되어야 한다.

사기업이든 공기업이든 대개 그 조직에서 주로 쓰는 단어와 문장 표현 방법이 있기 마련이다. 그런데 중간 관리자로서 1차 보고서를 접하다 보면 이해하고 의사결정을 하기 힘든 보고서를 보게 되는 경우가 있다.

상사의 입장에서 보고서 작성자의 생각과 의도를 물어보면서 보고서를 읽고 보고받게 될 때는 곤란하지 않을 수 없다. 끝까지 읽어가면서 일일이 보고자와 대화를 나누고 나서야 보고서에 대해 이해하게 되는 상황도 생긴다.

보고받는 상사는 의사결정을 해달라고 부하 직원이 보고서를 들고 와 보고를 하면서도 이해하지 못하게 보고서를 작성해 왔다면, 우선 짜증도 나겠지만 다음부터는 그 직원의 보고서를 주의 깊게 조심하면서 보게 된다. 보고하는 부하 직원과 중간 관리자가 함께 1차 보고서를 수정해야 하는 상황이 된다면, 그 1차 보고서는 많은 수정이 필요할 지도 모른다.

　의도된 것은 아니겠지만 보고서에 대해 상사가 물어가면서 독해해야 한다면 그 보고서는 문제가 있는 것이다. 보고자 혼자만의 독백이 되어서는 안 된다. 보고를 다 듣고 난 뒤에는 마치 한 편의 감동을 주는 연설을 듣고 난 뒤의 여운이 남는 것 같은 느낌이 있도록 임팩트가 있어야 한다.

준비한 보고에 대한 칭찬과 격려

잘 작성된 보고서로 보고를 잘 마쳤다면 보고서의 1차 작성자인 직원의 노력과 수고에 대해 칭찬하고 격려를 해주는 것이 좋다.

대개 보고서는 고위급 상사에게 보고가 이루어지기까지 몇 단계의 보고를 거치게 된다. 수정에 수정을 거치고 완성된 보고서가 보고되기까지는 단시간 내에 이루어지기도 하고 며칠 또는 몇 달이라는 긴 준비 또는 작업 과정을 거치는 경우도 있다.

보고가 완성되면 중간 관리자는 상사에게 보고를 잘 마무리한 본인의 공이 크다고 생각하고 최종 보고까지 부하 직원들의 수고를 망각하는 경우가 있다. 물론 보고서는 다소 미흡했지만 중간 관리자가 보고를 잘해서 상사의 의사결정을 받았을 수도 있다. 그런 측면이 있었더라도 보고 과정에서 실무자들의 거듭된 노력이 없었더라면 보고를 잘 마칠 수는 없었을 것이다.

최종 보고를 잘 마쳤다면, 보고서의 1차 작성자를 비롯해 보고 과정상 중간 관리자들의 노력과 수고에 대해 칭찬하는 것에 인색하여서는 안 된다. 보고서 작성과 보고의 성공적인 마무리는 혼자만의 노고가 아니라 대부분 협업의 결과이기 때문이다.

질책은 최대한 자제하기

보고서와 보고가 실망스럽더라도 보고자에게
심한 질책은 자제하고, 용기를 주어서
다음 보고가 잘 이루어질 수 있도록 격려해야 한다.

잘 작성된 보고서로 보고까지 잘했다면 칭찬하고 격려하는 것은 당연한 일임에도 불구하고 인색한 경우가 있다. 칭찬은 고래도 춤추게 한다고 했는데 칭찬을 아껴서는 곤란하다.

그 반대로 보고서도 마음에 들지 않고 보고도 실망스러운 경우도 있다. 상사가 실망스러운 보고에 화를 내고 보고자를 질책하는 것은 어쩌면 어색하지 않고, 오히려 자연스럽게 예측된다.

여기서 잘된 보고서 칭찬에 인색한 것보다 더 경계해야 할 것은 흡족하지 않은 보고서에 질책함으로써 보고자가 용기를 잃고 향후 보고서 작성과 보고에 두려움을 가지고 회피하는 마음을 갖게 하는 것이다.

마음도 급하고 할 일도 많은데, 보고서 작성을 제대로 하지 못하고 보고까지 미흡한 상황을 아무 일도 없던 것처럼 내색하지 않고 지나가기란 여간 어려운 일이 아닐 수 없다. 그렇기에 이번 보고자가 다음에는 노력해서 잘할 수 있도록 용기를 주고 응원하는 것이 상사로서의 관대함과 부하 사랑 리더십을 행사하는 것일 수 있다. 상사도 마음을 가라앉히고 부하 직원인 보고자를 대하다 보면 그 부하 직원도 그 마음을 안다. 그리고 정상적인 부하 직원이라면 이후 피나는 노력을 통해 조직에 기여하는 역량을 가져나가게 될 것이다.

의사결정은 신속하게

부하 직원으로부터 보고를 받으면, 의사결정을 뒤로 미루지 말고 신속하게 판단하고 결정해 업무가 추진되도록 해주는 것이 중요하다.

보고서로 작성되어 보고되는 사안은 간단한 것도 있지만 대부분이 복잡하고 의사결정을 하기 곤란한 사안들이다. 그도 그럴 것이 쉽게 판단하고 검토해서 추진할 사안이었다면 지금까지 보고가 되지 않았을 리가 없기 때문이다.

그런데 보고받는 상사 중에는 보고자가 고민과 검토를 거듭한 끝에 어렵게 작성한 보고서에서 수반될 수 있는 문제점까지 완전하게 명쾌하게 정리해 보고받기를 희망하는 상사가 있을 수 있다. 실무자급에서 문제점을 해결할 수 없기 때문에 이에 대한 처리 방안을 보고하는 것인데 그 문제점까지 정리해 보고하기를 바란다는 것은 의사결정을 해야 할 상사의 본분을 저버리는 다소 무책임한 생각일 수 있다.

관리자, 상사의 지위는 외로운 자리다. 보고를 받으면 의사결정을 뒤로 미루지 말고 어렵더라도 신속하게 판단하고 결정을 내려주는 과감함을 겸비해야 할 것이다.

『세종실록』에 따르면 세종의 의사결정 방식◆을 독단위지(獨斷爲之)라 하며 기술한 대목이 있다. 독단위지란 '홀로 판단하여 그것을 했다'라는 뜻이다. 세종의 의사결정 방식은 크게 세 가지로 나뉜다. 첫째는 만장일치 방식이다. 군사에 관계된 사안과 사형 집행 여부와 관련해서는 회의 참석자 중 누구라도 제기한 문제가 해소된 다음에야 결정했다고 한다. 둘째는 다수결이다. 셋째에 주목하는데 그것은 독단결정 방식이다. 관료제 개혁, 영토 개척, 한글 창제 등 기득권 세력의 반대로 그 결정이 무산될 것으로 예상될 경우 세종은 "의심이 없는 것은 독단으로 하는 것"이라며 반대를 무릅쓰고 결정하고 추진했다고 한다.

보고서 및 보고에서는 세종의 독단결정 방식처럼 외롭더라도 책임을 지고 상사가 결정하는 것이 불가피하다. 머뭇거려서는 안 된다. 부하 직원은 타이밍을 놓치지 않고 보고했는데, 정작 상사가 신속하게 결정하지 않아 큰 손해를 입거나 중차대한 사업 추진에 지장이 초래되었다면 그 조직의 미래는 말할 필요도 없다.

◆ 출처: 『세종의 적솔력(迪率力)』 박현모, 흐름출판, 2024

보고서의 후속 조치

4장

미루지 말아야 할 수정 보고

잘못한 보고와 수정할 보고서는 늦지 않게 바로잡도록 한다.

보고하고 나서 사후에 보고를 잘못한 것을 알게 될 때가 있다. 아무리 주의하더라도 잘못된 정보, 현상에 대한 이해 부족, 보고 후 상황의 변화 등으로 인해 이전에 보고한 보고서가 수정되거나 다시 보고해야 하는 경우가 생길 수 있다.

이런 경우, 보고를 다시 하는 재보고 절차를 빨리 밟아야 한다. 보고한 것을 다시 수정해서 보고할 경우, 질책에 대한 걱정 등으로 지체하면 안 된다. 보고를 수정하는 타이밍을 놓치면 어느 순간 자기가 인지하지 못하는 시간과 장소에서 걱정하는 상황이 상당히 진척되어 버릴 수도 있다. 잘못된 것에 대한 수정은 빠르면 빠를수록 좋다.

더 주의할 것은 수정 보고서 작성을 서두르는 것과 별개로 상사에게 차질이 있었다고 직접 보고하거나 상사를 보좌하는 직원을 통해서 곧 수정 보고를 할 예정이라는 것을 미리 주지시켜 주는 것이다. 잘못한 것은 시간을 지체하지 말고 신속하게 바로잡아야 할 것이다.

보고가 완료된
보고서의 보관

보고를 마친 보고서는 잘 보관해 두는 것이 좋다.
보고한 원본을 다시 찾거나 확인할 일이
생길 수 있다.

    보고를 마치면 대개 후속 조치를 하게 된다. 문서를 기안해 결재를 상신하거나 바로 관련 사업을 추진하는 등 후속 절차를 수행하게 된다.

    그런데 보고하고 상사의 의사결정을 비공식적으로 받은 시점과 관련 내용을 담아 문서를 기안해 결재를 상신하는 시점이 다를 수 있다. 보고서 내용을 동일하게 해서 상신하는 결재 문서에 담을 수도 있지만, 보고서가 가진 특성상 보고서의 일부 내용은 생략하거나 일부 내용만을 가지고 결재를 상신하는 경우가 있을 수 있다.

    그런데 사람이 하는 일이라서 시간이 지나고 나서 나중에 당시 보고한 보고서를 찾아서 확인할 상황이 생기기도 한다. 보고한 내용과 실제 문서 결재로 담긴 내용이 다르거나 보고한 내용을 다시 확인하게 되는 경우를 대비해 보고를 마친 보고서는 전자문서로 보고한 것이 아니라면 보고자가 별도로 보관해 두는 것이 좋다.

완료한 보고서는 관련 사업 추진 등으로 다시 찾지 않을 가능성이 있다. 그런데도 보고한 기간이 상당히 경과한 보고서를 상급자가 다시 찾을 수가 있다. 그것은 근무시간 중에만 발생하지 않고, 퇴근 후에도 상급자로부터 전화가 오고 당시

1년(2023~2024) 동안 여러 담당자가 작성한 보고서를 수정 및 보고 과정을 거치고 별도로 보관했다.

의 보고 상황을 물어오거나 해당 보고서를 찾는 일이 종종 발생한다. 그러면 그 파일을 보지 않고 기억에 의존한 답변을 하거나 사무실에 출근해 확인 후 전화할 수밖에 없다.

이를 대비하는 것이 필요하다. 상급자가 퇴근 시간 이후에도 전화를 할 정도면 상당히 다급한 상황인 것이다. 이럴 때 해당 파일을 바로 열어보고 답변하거나 그 당시 파일을 SNS 등으로 보내준다면 다음 날 출근 때까지 기다리지 않아도 상황은 종료될 수 있는 것이다.

가급적 사무실에서 작성한 파일은 언제 어디서든 꺼내서 다시 활용할 수 있도록 준비가 필요하다. 휴대폰 등에 파일로 저장해서 활용하는 것인데, 요즘은 휴대폰 아니더라도 클라우드 등 다양한 방법으로 지원을 받을 수 있는 시대이니 그 방법은 기호와 선택에 따라 사용하면 된다.

보고의 완결은
경과 보고까지

보고 후 일정 기간이 지난 후 해당 보고에 따른
진행 경과 및 결과를 추가로 보고해 주는 것도
필요한 후속 조치라고 할 수 있다.

보고서를 작성하고 쉽게 보고하는 경우도 있지만, 어느 때는 참 어렵게 보고를 마치는 경우가 있다. 어려운 보고를 마친 것이 다행이고 보람도 느낄 때가 있다. 그리고 홀가분하게 다른 업무를 하다 보면 어렵게 잘 끝냈던 보고는 기억 속에서 지워져버리는 것이 당연할지도 모른다.

그런데 가끔 그 당시 보고받았던 상사가 그전의 보고서에 따른 후속 진행 경과 또는 추진 결과를 물어오는 경우가 있다. "OOO 씨, 그때 나한테 보고했던 것, 별문제 없이 잘 진행되고 있지?"라고 말이다.

상사는 보고를 받고 나서 일정 기간이 지나 그에 따른 진행 경과가 궁금할 수 있다. 그렇다고 모든 보고서의 경과를 추가로 보고할 필요는 없겠지만, 특히 보고받은 상사가 유달리 관심을 가졌던 사안의 보고는 상사에게 다른 사항을 보고할 기회가 올 때, 그 당시 보고했던 사업은 어떻게 진행되는지 말씀드리는 것도 보고서 및 보고에 대한 사후 관리이고 서비스다. 보고에 따른 경과와 추진 결과를 추가로 보고하는 것이 보고의 실질적 완결이라고 할 수 있다.

보고서 작성과 보고의 기술

초판 1쇄 발행 2025년 7월 10일

지은이 백성철

펴낸이 이연숙
펴낸곳 도서출판 덕주
편집주간 안영배
진행 김민영
일러스트 정민영

출판신고 제2024-000061호
주소 서울시 종로구 삼일대로 457 1502호(경운동)
전화 02-733-1470
팩스 02-6280-7331
이메일 duckjubooks@naver.com
블로그 blog.naver.com/duckjubooks

ISBN 979-11-988146-9-2 13000

ⓒ 백성철, 2025

· 출판사와 저작권자의 허락 없이 이 책의 도판과 텍스트 사용을 금합니다.
· 책값은 뒤표지에 있습니다. 잘못된 책은 구입처에서 바꾸어 드립니다.